触常者として生きる

琵琶を持たない琵琶法師の旅

広瀬 浩二郎

琵琶なし芳一 ―人間はなぜ触角を失ってしまったのか―

広瀬　浩二郎

耳を引きちぎられた芳一は、その後どうなったのか
芳一は痛かった、自分が耳にこだわり過ぎていたことを思い知らされて
芳一は目に見えない世界からのメッセージを聴き取ろうとして、懸命に耳を澄ました
人々の声、風の音、そして万物が呼吸する気配
芳一は耳を鍛えることで、芸能者としての腕を磨いた

その大事な耳が切り取られてしまった

目が見えない芳一は、耳の力で生きる糧、自信を得た
耳を失った芳一は、音声とは耳で聴くものではないことを悟る
和尚が芳一の身体に書いた経文は、すぐに消えてしまう般若心経の文字、言葉を消し去るよ

うに
　全身の毛穴から何千本もの手、触角が飛び出す

人間よ、触角を取り戻せ

耳を失った芳一は、全身で事物の本質を掴み取る極意を身につける
目で見る、耳で聴くという束縛から離れ、芳一は自由に歩き出す

できる人とできない人、勝者と敗者
文明と未開、健常と障害
目で見て、耳で聴いているだけでは、人間は二項対立の価値観を乗り越えられない

芳一は語る、目がなくても景色はあると
芳一は唄う、耳がなくても音楽はあると
最後に芳一はあの世とこの世、視覚と聴覚、物と者をつなぐ道具、琵琶を捨てる

触角を持つ芳一には、もはや琵琶は必要ないから

今、琵琶なし芳一が時空を超えて、僕たちの毛穴をくすぐる

生きることの豊かな感触を伝えるために

目　次

第II部　博物館―触文化研究の現場―

第Ⅲ部　射真集「我が半年」―二〇一八年七月～一二月『日本経済新聞』連載コラムから―

目次

装画　日比野尚子　／　装丁　浪本浩一

序章　「野生の勘」と「未開の知」

1　我が人生の五七五 ― 五里霧中、七転び八起き、五穀豊穣 ―

オリパラで注目される障害者
いつ誰がどうして決めた障害者
自分さえ見えないやつが多数いる
それなのに目が見えぬだけで障害者
大食いで風邪もひかぬが障害者
それならばイメージ変えよう障害者
前半生障害背負い五里霧中
七転び八起きで築く（気づく）見えぬ価値
後半生五穀豊穣を願いつつ

琵琶持たず触角伸ばし聴き語り
全身の毛穴開いて触文化
人類よ野生の勘を取り戻せ
君と僕楽しく探る未開の知
壁崩し未開を開く野生人

2　不等号の重み

A ＞ B

Aは健常者で、Bは障害者である。数学が苦手な僕は、この不等号をどうやって自分なりに処理・納得できるのか、あれこれ思案してきた。二〇世紀のいわゆる障害者運動は、BがなんとかAと同じレベルの生活ができるように、権利獲得・拡充をスローガンとした。二〇一六年に施行された障害者差別解消法は、こういった運動の成果と位置付けることができる。

差別解消法では、「合理的配慮」がキーワードとされている。しかし、そもそも配慮とはAがBに対して行うものである。また、「合理的」といった時の〝理〟も気になる。世間一般の〝理〟はA、すなわちマジョリティの視点で構築されている。障害者（マイノリティ）が健常者中心の理に合わせることを強いられるのなら、差別解消は実現不可能な理想で終わってしまうだろう。

差別解消、合理的配慮を考える際、僕はＩＣＴ（情報通信技術）の進展を想起する。パソコン、スマホなどの機器は、A>Bの不等号を等号に変える可能性を秘めている。いうまでもなく、近年のＩＣＴの発展は日進月歩である。そして、各種ＩＣＴ機器は健常者にとって使いやすいことが大前提とされる。健常者向けに開発された新しいソフトやアプリにどうにかこうにか障害者が適応していく。こんな追いかけっこは半永久的に続くのかもしれない。

たとえば、全盲の僕が携帯電話を使うようになったのは就職後、二〇〇一年ごろである。当時はまだ携帯電話の音声機能（視覚障害者対応）が不十分で、メールの送受信はできなかった。その後、徐々に音声機能が充実し、まず受信したメールを読み上げてくれるようになる。しかし、メール作成時は音声サポートがなく、「あ、い、う、え、お」と電話のボタンを押す回数を慎重に数えながら、ひらがなだけのメールを書く。こんな状態がしばらく続いた。ひらがなのみで相手に通じるメール文を工夫する。簡単で伝わりやすい文章を作る。これはこれで、健常者とは異なるユニークな経験だったが、やはりひらがなしか使えないのは不便である。

ようやく音声環境でメールの送受信が完璧にできるようになり、ケータイは視覚障害者の日常生活にとって必須アイテムとなった。僕を含め、多くの視覚障害者が顔文字や絵文字を自由に使いこなし、健常者とのやり取りを楽しんでいる。かつて視覚障害者同士が駅の改札などで待ち合わせをする際、微妙な駆け引きがあった。改札を出ると、わざと白杖で地面をたたき、大きな音を出してみる。なかなか待ち合わせ相手が来ない（と思われる）時は何度も咳払いをしたり、触読式の腕時計の蓋をパチパチ開け閉めする。お互いに視覚障害者ならではの音に耳を澄ますことで、待ち合わせはなんとか成立していた。これも見えないゆえの生活の知恵といえるだろう。

最近の待ち合わせ方法はずいぶん変化した。駅に着く前に、メールで到着時刻を知らせる。待ち合わせ場所で相手が見つからなければ（見つけられなければ）、すぐに電話する。相手の位置を確かめるために電話をかけたら、自分の傍《そば》で友人のケータイが鳴る、などという珍プレーも時々あるが。ケータイは健常者以上に障害者のライフスタイルを激変させたのは確かだろう。

ところが、世の中の健常者はあっという間にスマホに移行した。じつは、僕はまだスマホに乗り換えることができず、便利なガラケーに頼る日々である。若い世代の視覚障害者の間では、スマホユーザーが確実に増えている。さまざまなアプリを使いこなし、見えない画面から自在に情報を引き出すパワーユーザーにも出会う。とはいえ、つるつるの画面、タッチパネルは視覚障害者にとって、けっして使いやすいものではない。慣れれば、まあなんとか使える程度のものである。友人や家族のスマホを手にすると、僕はいつもA>Bの悲哀を感じる。だが、僕も世の中の動きに背を向けることはできず、遠からずスマホに切り替えるのだろう。タッチパネルとは、もっともタッチ（さわること）が必要な視覚障害者には使いにくい。なんとも皮肉である。

3　文化の力で不等号を逆転させる

二〇〇一年、僕は仲間とともに「視覚障害者文化を育てる会」を結成した（詳しくは本書第Ⅰ部の付録参照）。健常者よりも下位の存在、配慮の対象である弱者とされがちな障害者も、独自の文化を有している。当事者たちは、その文化に自信と誇りを持とう。そして、視覚障害者文化の意義を健常者に伝えていこう。視覚障害者文化を育てる会は、A>Bの不等号を逆転させる試みであるともいえる。

視覚障害者文化は、手話を第一言語とする聴覚障害者たちの「ろう文化」、あるいは世界各地の先住民運動にも通じる発想に根差している。視覚障害者文化を宣揚するに当たって、とくに僕が強調したのは〝触〟である。二〇〇九年には「触常者宣言」を発表し、視覚障害者とは「触常者＝触覚に依拠して暮らす人」であるという新定義を用いるようになる。「触常者宣言」の公表から約十年。僕は博物館を活用し、触常者と見常者（視覚に依拠して暮らす人）の異文化間コミュニケーションを促進する実践的研究に取り組んでいる。

「触常者宣言」は、「水平社宣言」の以下の文言に刺激されて生まれた。「吾々がエタである事を誇り得る時が來たのだ」。僕は「目が見えないことを誇り得る」人生を送りたいと願っている。また、そのような価値観・人間観を堂々と社会に発信できる同志を増やしていきたいとも希望する。ここに、僕の活動の原点である「触常者宣言」を引用しよう。

触常者宣言

・触常者とは〝考える〟人である。

視覚は瞬時に大量の情報を入手できるが、その視覚を使えない触常者は、日常生活において種々の不利益を被ってきた。視覚を使えない不自由が差別につながる悲劇も経験した。しかし、触常者は情報の量ではなく質の大切さを知っている。触文化（さわって知る物のおもしろさ、さわらなければわからない事実）の魅力を熟知するのも触常者なのである。たとえば、彫刻作品にゆっくりさわってみよう。触覚の特徴は、手と頭を縦横に動かして、点を線、面、立体へと広げていく創造力にある。じっくり考え、少ない材料から新しい世界を創り出す。見常者たちに〝考える〟楽しさを教えることができるのが触常者なのだ。

・触常者とは〝交わる〟人である。

日本中世の琵琶法師は文字を媒介としない語りの宇宙に生きていた。彼らは、あたかも源平合戦の歴史絵巻が眼前に展開するかのように、『平家物語』を口から耳へ、耳から口へと語り伝えた。琵琶の音と鍛え抜かれた声。そんな聴覚情報を自由に視覚情報に変換していたのが琵琶法師の芸能だった。また東北地方のイタコ（盲巫女）は、見常者たちが見ることができない死者の霊と交わり、その声を聴いていた。視覚を使わない生業、便利な視覚の束縛から解放された所に五感の豊かな交換、交流の醍醐味があった。視覚優位の現代社会にあって、全身の皮膚感覚を駆使して生活する触常者の経験、〝交わる〟境地こそが必要とされている。

・触常者とは〝耕す〟人である。

ルイ・ブライユはフランス軍の暗号にヒントを得て点字を考案した。六個の点で仮名・数字・アルファベット・多様な記号を表現できる点字は、触常者の柔軟な思考力から生まれた触文化の象徴である。触常者は、社会の多数派である見常者が使っている線文字が読めないために苦労を強いられてきた。だが、逆に見常者は点字を触読することができない。触常者は視覚を使わなくなった代わりに、触覚の潜在能力を開拓し、光に邪魔されることなく点字を読み書きしている。見常者が忘却してしまった広範で深遠な五感の可能性を〝耕す〟触常者の英知が、人間社会の明日を切り開く。

かつてある社会事業家は『光は闇より』と題する著作の中で、自己の失明体験を素材として宿命感（闇＝過去）から使命感（光＝未来）への転換を主張した。彼は使命感を持って戦中、戦後の日本で愛盲運動を組織し、障害者福祉の指導者となった。また、ある視覚障害者施設の創設者は「盲目は不自由なれど不幸にあらず」と述べ、全盲者として生きてきた人生を客観的に振り返った。彼は視覚障害に起因する読めない、歩けない、働けないなどの不自由の解消をめざし努力を続けた。

では、視覚障害とは使命感を持って克服すべきもの、あるいはさまざまな意味での不自由（マイナス）を抱え込まざるをえない苦境なのか。偉大な先人の業績に敬意を表すると同時に、僕たちは使命感、不自由からの決別を高らかに宣言しよう。じっくり考え、自由に交わり、広く深く耕す。二一世紀は触常者の提示する世界観、人間観が積極的に発信できる時代である。今、触常者が育む〝考〟〝交〟〝耕〟のダイナミズムが僕たちの生き方を熱くする。時につるつるとしなやかに、時にざらざらとしたたかに。そんな手応えある生命の躍動を求めて！

4 AでもなくBでもなく

A>Bが世間の常識だとすれば、まったく別の尺度を導入し、固定観念、当たり前をひっくり返す。時にはマイノリティの視覚障害者（触常者）が、マジョリティの健常者（見常者）をリードすることがある。いや、あってもいい。そんな信念の下、僕は多種多様な展示、ワークショップを企画・実施してきた。僕の試行錯誤の具体例は、本書でたっぷりご紹介したい。

近年、僕はB>Aに過度にこだわることの危うさを意識するようになった。そもそもB>Aは、AとB、すなわち「障害／健常」の区別を自明なものとする常識の上に成り立っている。従来の二〇世紀的な障害者運動は、BがAに近づくことをめざした。一方、B>Aを標榜する僕の研究・

実践は、Bの優位性を多角的に示すことを目的としているともいえる。B>Aの主張は障害当事者にとっては受け入れやすいが、健常者から真の共感を得るのは難しい。

僕がライフワークとして追求すべきなのは、A>B、またはB>Aの前提となっている「障害／健常」の二分法を打破することではないのか。現在、僕は二〇二〇年の秋に「ユニバーサル・ミュージアム」（誰もが楽しめる博物館）をテーマとする特別展を開く準備を進めている。A・Bという既成概念を壊し、ユニバーサルな社会を具現する。こんな大きな目標を共有できるたくさんの友人がいることに、僕は心から感謝したい。

本書のエッセンスを要約する二語は、「野生の勘」と「未開の知」である。この二つの考え方は、A>B、もしくはB>Aの呪縛を離れる方法を提示する基本理念ということもできる。A>Bが成立するのなら、C>D、E>Fがあってもいい。A>Bの不等号を逆転させる戦略の立案に力を注ぐのではなく、別の価値観・人間観があることを実証する。「野生の勘」「未開の知」など、種々の不等号を挙げることで、「障害／健常」の区別は相対化される。さらに、人間が自己（我々）と他者（彼ら）を比較することの意味を根本から問い直す。「触常者・見常者」という新しい呼称の提案は、不等号を無効化する僕のチャレンジの第一歩だった。

不等号（＞・＜）は優勝劣敗、弱肉強食の近代を象徴する記号である。ユニバーサル・ミュージアムは不等号の桎梏《しっこく》を逃れ、近代と真正面から対決する思想運動といえるだろう。脱近代を指向するユニバーサル・ミュージアム研究の展望については、本書第Ⅱ部をお読みいただければと思う。

5 本書の構成

それでは、「野生の勘」「未開の知」の語義について簡単に解説しよう。もともと人類は「野生の勘」（感覚の多様性）を保持していた。前近代の人々の生活は、「野生の勘」に支えられていたともいえる。一九〜二〇世紀、人類はアビリティ（能力＝できること）をひたすら拡張してきた。アビリティを追い求める発想から必然的に零《こぼ》れ落ちてしまうのがディスアビリティ、すなわち「障害」なのである。近代以降の「できなくさせる」社会システムにより、障害者は不自由・不利益を被ることとなった。

しかし一方で、苦労と工夫に彩られる障害者の日常生活には「野生の勘」が息づいている。本書の第一の狙いは、視覚障害者の歴史と現状を分析し、そこから「野生の勘」の復権を訴えることにある。「野生の勘」の手近な事例として、本書では僕の実体験、ライフヒストリーを取り上げる。

柳田国男の『遠野物語』（一九一〇年）の序文に次のような記述がある。「国内の山村にして遠野よりさらに物深き所にはまた無数の山神山人の伝説あるべし。願わくはこれを語りて平地人を戦慄せしめよ」。「山神山人＝非定住民＝伝説を持つ者」「平地人＝定住民＝伝説を知らぬ（忘れた）者」と定義すると、『遠野物語』刊行の意義が明確となる。ここにある「山神山人」は障害者に、「平地人」は健常者に置き換えることもできるのではないか。僕が描きたいのは、全盲者による二一世紀版の『遠野物語』なのである。「戦慄」とは少々強い言葉だが、常識を揺さぶる、体内に眠る「野生の勘」を呼び覚ますというニュアンスで、積極的に解釈したい。

近代化とは一面において、「未開の地」を征服する歴史でもある。二一世紀の今日、地球上に「未開の地」はなくなった。考えてみると、「未開＝未だ開かれていない」という概念も、多数派・強者の論理である。当然のことだが、「未開の地」にも住民がおり、文化が存在する。「未開」とは本来、「文明」に比べ、劣るものではない。フランスの社会人類学者、クロード・レヴィ＝ストロースは「未開の地」にも普遍的な構造を持つ「野生の思考」が働いていることを解明し、西洋至上主義を解体する。僕が「野生の勘の復権」を力説する背景にも、「文明／未開」という二項対立を乗り越えるレヴィ＝ストロースの思想がある。

障害者たちが継承してきた「野生の勘」は、健常者にとっては「未開の知」なのかもしれない。ここで僕が使う「未開」は、多数派・強者の論理とは異なる。僕が多用する「未開」は、近代的な思考法では開くことができないという意味である。「未開の地」の征服が近代化、文明開化の特徴だとすれば、「未開の知」の発見・自覚は近代を超克する新時代の胎動ということができる。本書の第二の狙いは、「未開の知」を探究するエキサイティングな旅に読者をいざなうことである。

「野生の勘」を取り戻し、「未開の知」を探る旅に出かける。そのための準備として、本書は三部構成で論を進める。第Ⅰ部では、文化人類学の立場から「障害」について多面的に考える。「野生の勘」を理解する学問的な基盤を提供できれば幸いである。第Ⅱ部では、博物館をフィールドとする僕の研究成果をまとめる。障害の有無に関係なく、「未開の知」を万人に開くための挑戦の一例としてお読みいただければ嬉しい。

第Ⅲ部は、二〇一八年七月～一二月に『日本経済新聞』の夕刊に毎週連載したコラム（二六回分）である。この連載は、僕にとってたいへん思い出深い。半年間、しかも毎週の新聞連載は初めての経験で、字数調整などに苦労した。二〇一八年後半の六か月は超多忙で、「今週は原稿が書けないのでは……!?」と不安になることもあった。半年の間に海外出張が三回、国内出張（講演やワークショップ）はほぼ毎週のように続く。おかげで、コラムのネタには恵まれていた。

単発の読み物ならばいいが、単行本に新聞記事をそのまま収めるのは如何なものか。個人的なエピソードを二六回分並べられると、「押しつけ」と感じる読者もいるだろう。僕自身、この連載コラムを本書に収録するかどうか、ずいぶん迷った。最終的に、第Ⅰ部・第Ⅱ部の後に、時系列に沿って第Ⅲ部をお読みいただくことで、本書に躍動感を与えられるのではないかと判断した。二六回分のコラムは、「野生の勘」を駆使して、「未開の知」を開拓しようとする全盲研究者の現在進行形の歩みの記録であるのは間違いない。

第Ⅲ部では写真をまったく掲載せず、文字情報のみで僕の「多忙で多望な半年」を振り返っている。新聞連載時の勢いを大切にしたいので、ほとんど加筆・修正はしていない。僕の日常を切り取ったレポート、「射真集」として読者各位にじっくり味わってもらえればと期待する（「射真＝真実を射る」の含意に関しては、本書第3章参照）。

最後に、本書の副題で使用している「琵琶を持たない琵琶法師」について付言しよう。僕は日本史学科の出身で、一九九一年に提出した卒業論文では琵琶法師を取り上げた。僕が研究を開始した一九九〇年代には琵琶法師やイタコ（盲巫女）、瞽女《ごぜ》（盲目の女性旅芸人）が各地に残存していた。彼ら・彼女らから聞き取り調査をするのが学部・大学院時代の僕の研究の主題だった。あれから四半世紀。二一世紀の現在、盲目の宗教・芸能者は日本からほぼ消滅した。

音痴で、厳しい修業に耐える根性もない僕が、今から琵琶法師になろうというのは無謀である。また、職業的選択の幅が広がった現代社会にあって、あえて伝統的な琵琶法師や瞽女を復活させようという主張に賛同する当事者も少ないだろう。だが、僕は「野生の勘」を体現する職業集団として、琵琶法師を再評価したい。琵琶法師・瞽女たちの生業の実態を精査すれば、近代化が看過してきた「未開の知」を再発見・再創造できるはずである。そんなわけで、日本語としては不自然だが、僕は「琵琶を持たない琵琶法師」でありたいと願っている。琵琶法師そのものは消え去っても、彼らの精神は残していきたい。これが本書を執筆した僕の動機といっても過言ではない。

はてさて、僕は「琵琶を持たない琵琶法師」として認めてもらえるのか。あるいは、この変てこな肩書は単なる自称で終わるのか。それは本書を手に取る読者に決めていただくことにしよう。

第Ⅰ部　人類学

―「目に見えない世界」のフィールドワーク―

第1章　無文字文化の沃野を歩く

―東海大学での講演会（二〇一八年一二月）から―

1　歴史の手触り

みなさん、こんにちは。普段、僕が仕事をしているのは大阪にある国立民族学博物館（民博）ですが、東海大学に度々お邪魔するというか、呼び付けられております。課程資格教育センターのシンポジウムでは毎回登壇しており、今回が五回目です。いつも新しい切り口で「ユニバーサル・ミュージアム」（誰もが楽しめる博物館）について掘り下げる内容なので、僕にとってたいへんありがたい機会となっています。

本日は「無文字文化」をキーワードとし、僕の研究・実践を整理してみたいと思います。僕の持ち時間は三〇分です。べらべら喋って、みなさんの質問時間が短くなることがないように注意します。レジュメは「自分史と人類史の往還―『無文字文化』の沃野を歩く―」と題する箇条書きを準備しました。項目は七つありますが、ごく簡単な箇条書きなので、見た目にも余白が多いですね。この余白を埋めていくような形で話を進めます。

レジュメに入る前に、本日のシンポジウムのために、僕の友人でもある篠原聰さん（東海大学課程資格教育センター）がわざわざ作ってくれた年表に触れてみましょう。みなさんが年表を見ると、まさに一目瞭然。長い無文字文化に比べて、いかに文字文化が短いのかということがよくわかりますね。僕の場合は年表を見ることができないので、さわって理解します。どれどれ、無文字文化はここから始まって、まだ続いている。まだまだ……。ああ、ここまであるんだ。一方、文字文化は、たったこれだけなのか。

さて、長さをとらえる際、視覚を使うのか、触覚を使うのかを比較してみましょう。視覚は瞬時に情報をキャッチするので、みなさんは無文字文化と文字文化の長さの違いをすぐに感じることができます。ところが、触知・触察には時間が必要です。まだか、まだかと手を動かす。身体動作と時間を伴う行為は記憶に残ります。

現代社会においては、「より多く、より速く」という価値観が強調されますが、そのトレンドに逆行しているのが触知・触察です。だからこそ、視覚優位の風潮に対するアンチテーゼとして、触知・触覚は再評価されるべきなのではないでしょうか。博物館でも実感に根差す体験として、触知・触察を大切にしたい。これがユニバーサル・ミュージアムの根本理念です。今日は無文字文化の観点から、ユニバーサル・ミュージアムについて、みなさんと議論できればと思っております。

余談になりますが、この「さわる年表」はなかなかの力作です。シンポジウム終了後、みなさんもぜひ年表に触れてみてください。無文字文化の部分は木の板がつるつるに磨かれています。さわっていると、じつに気持ちいい。他方、文字文化の部分は木肌がざらざらです。なぜ、つるつるとざらざらの違いがあるのか。単純に考えると、文字文化の方をつるつるにしたら、磨く時間は短いですね。でも、あえて長い時間をかけて無文字文化の方を磨いた。偶然なのかもしれませんが、つるつる・ざらざらの違いに、けっこう大きな意味があるのではないかと僕は思います。

無文字時代はつるつる、文字時代はざらざら。僕流に解釈すると、無文字時代には「文字を使わない」ことが標準とされます。「文字を使わない」は、本日の僕の話を貫く重要コンセプトです。文字を使わない点で、人々の間に差はないわけです。みんないっしょ、つるつるの時代ということになります。しかし、文字文化の時代になると、文字を使える人、使えない人という区別が生まれる。「使える／使えない」の区別は差別の発想にもつながります。人間の心がざらざらになるのが文字文化の時代なのかもしれません。

2　自分史を振り返る

それでは、レジュメに沿って説明していきます。僕の講演のキーワードは「使わない」「使える」「使えない」の三つです。ざらざらした文字文化の時代にも、無文字文化は存在しており、歴史の要所要所で見え隠れする。無文字文化の視座から文字文化の歴史を問い直すのが本日の僕の最終目標です。

人類史の再検討に入る前に、まず自己紹介も兼ねて、一人の視覚障害者の半生を振り返ってみましょう。現在、僕は全盲ですが、小学生時代は少し視力がありました。レンズを使えば黒板の字も見えたし、教科書も読むことができました。五年生のころ、視力がだんだん下がってきて、文字が使えなくなります。文字文化から破門されたというところでしょうか。

点字に切り替えるという選択肢はあったわけですが、そんなに単純ではない。周りの同級生が通常の教科書を使って文字を読んでいるのに、自分だけ点字を使用することに抵抗がありました。結局、小学校の最後の一年半ほど、僕は「文字を使えない」状況で、どうにかこうにか過ごします。多数派と異なる特徴を持つというのは、日本の小学校においては、あまり居心地のいいものではありません。「使える」から「使えない」への転落。僕は周囲との違いに戸惑い、「障害」を意識することになります。

文字を使えないことは不自由ですが、それだけではなく、プラスの面もあったというのが重要でしょう。教科書が読めなくなった僕は、耳による読書、録音図書の可能性を知ります。僕が文字を使えなくなったので、母親が教科書を音読し、カセットテープに録音してくれました。僕はその音読テープを毎日、漫然と聞く。文字どおり聞き流すという感じです。文字、言葉ではなく、音の塊として教科書が僕の頭に入ってきます。子どもの脳は柔軟なので、音の塊が自然に記憶される。文字が読めなくても、教科書をほぼ丸暗記していたので、授業に付いていくことができたのかなと思います。

よく視覚障害者は記憶力に優れているといわれます。たしかに、江戸時代の盲目の国学者・塙保己一を挙げるまでもなく、戦前世代の盲人にはすごい記憶力の持ち主がいます。でも客観的に、僕の記憶力は平均的なものです。教科書を丸暗記できた僕は、けっして特別ではありません。音の塊という感覚は、脳の使い方としては、歌詞を憶える作業に似ています。みなさんも流行歌の歌詞って、なんとなく記憶していますよね。僕もカラオケでは歌詞を見ずに、五〇曲くらいは歌えます。もっとも、最近は記憶が怪しくなって、一番の歌詞を三回繰り返して歌ったりもしますが。

僕は中学部から盲学校に進学します。今日、僕は点字のレジュメを指先で確認しながら、みなさんに話をしています。小学校時代には抵抗があった点字ですが、盲学校ではじっくり点字学習に取り組みました。盲学校では点字を使用する同級生がたくさんいます。点字を使うのが多数派、標準になるわけです。点字を使うのは自分だけではないという安堵感がありました。盲学校の中高六年間で、僕は文字が使える自由を再発見、再認識します。その自由の一つの到達点として、大学受験があります。僕の入学試験は点字出題、点字解答となりますが、問題そのものは一般の受験生と同じです。大学合格は僕にとって大きな自信になりましたし、さわる文字である点字の力を実証できたともいえるでしょう。

現在、小中高の視聴覚教育では、「触」の要素がありません。一方、盲学校では伝統的に「視覚を使わない」教育が試みられています。点字は視覚に頼らない文字ですし、理科や社会科の授業では触図教材が用いられます。体育や美術の授業でも、視覚以外の感覚を総動員して、身体の潜在能力を呼び覚まします。盲学校は文字を使える自由を獲得するのみならず、視覚の束縛を離れ、聴覚や触覚をのびのびと活用できる学びの場だったともいえます。

3　琵琶法師・瞽女の歴史

次に、僕の研究について少し話します。日本史学科の専門課程に進学後、僕が最初に研究したのは琵琶法師・瞽女《ごぜ》など、盲目の宗教者・芸能者の歴史です。琵琶法師や瞽女に関する研究は僕のライフワークともなっています。琵琶法師・瞽女の研究を通じて、僕は「使えない／

使える」という生き方（行き方）だけではなく、第三の道、「使わない」人間観・世界観があることに気づきました。

僕は琵琶法師や瞽女の芸能を「聴き語り」と称しています。近代以降、聴く（受信）と語る（発信）は別々の行為と考えられるようになります。視覚・聴覚・触覚など、いわゆる五感を個々ばらばらに意識し始めるのも近代的な思考法です。見るのは視覚、聴くのは聴覚など、人間の感覚を限定的にとらえる所から、「障害」という概念が生まれてきたのかもしれません。

本来、五感はつながっていて、相互交流・相互補完するものです。聴く人と語る（歌う）人が明確に区分されるのは、近代的な芸能の特徴です。江戸時代以前の芸能では、聴く・語る、主体・客体の差が曖昧で、受信と発信がつながっていました。こういった「聴く＝語る」構造は、今日のライブハウスなどに残っています。琵琶法師・瞽女はパフォーマーなので、語る・歌うのが役割です。同時に彼らは周囲の音、観客の声に耳を澄まし、その音声情報を自身の演奏に活かしていました。視覚を使わないからこそ、聴覚に集中し、独創的な音を奏でることができたのだと思います。

「聴き語り」は盲人芸能者の専売特許ではありませんが、音声で勝負するという点において、「視覚を使わない」強みが発揮されたともいえるでしょう。僕は、瞽女唄とは音と声で森羅万象を表現した芸能だと定義しています。瞽女たちは各地を旅する中で風の音、草木のにおいなどを身体で感じます。彼女たちが視覚以外の感覚で把握した世界が瞽女唄に凝縮されるのです。盲人芸能者にとって、聴くと語るは常に一体であり、連環していたわけです。

琵琶法師が活躍したのは中世、鎌倉・室町時代です。中世は文字文化の時代ではありますが、社会の多数派はまだ文字を使わない生活をしていました。文字を使っていたのは公家や武士、僧侶など、ごく一部の階級です。盲目の宗教者・芸能者は、文字を使わないことを武器にして個性を磨き、瞽女唄や平曲（『平家物語』を琵琶に合わせて語る音曲）を創造しました。

4　「耳なし芳一」を読み直す

江戸時代は、「使わない」から「使えない」への転換期と位置付けることができます。つるつるだった社会が少しずつざらざらになっていく時期です。「使えない」と「使わない」の違いを知るための素材として、怪談「耳なし芳一」を取り上げます。みなさんご存知のように、江戸時代には寺子屋教育が普及し、社会の多数派は文字を使えるようになります。江戸時代の日本の識字率は、世界的にみても、きわめて高いものです。文字を使えることが標準とされる中で、琵琶法師・瞽女たちはどうなるでしょうか。文字を使わない分野で活躍した彼らは、徐々に文字を使えない者として蔑視されるのです。

「耳なし芳一」とは、この転換期を象徴する物語だといえます。「耳なし芳一」は明治期に小泉八雲（ラフカディオ・ハーン）が収集・再話した怪談です。その原形とされる民話は、江戸時代に各地で語られていました。怪談の内容を簡単に紹介します。芳一という盲人、琵琶の名手が主人公です。彼は平家の怨霊に憑りつかれて、夜な夜な亡魂が眠る墓所で平曲を語っています。

毎晩、平家の怨霊が芳一を迎えに来ることを知った和尚さんたちは、「このままでは芳一が怨霊の世界、あの世に連れ去られてしまう」と心配します。そこで、怨霊たちに芳一の姿が見えないように、彼の全身に経文を書きます。ところが、うっかりしていて耳だけ経文を書き忘れてしまう。芳一の姿が見えない怨霊は、空中に浮かぶ耳を切り取って墓場に戻る。目が見えない芳一は、かわいそうに耳まで取られてしまいました、という話です。

なぜ芳一は「かわいそう」なのか。少し違った角度から考えてみましょう。怨霊が住むのは無文字文化の世界で、和尚さんたちが依拠するのは文字文化です。無文字文化は目に見えないものを尊び、文字文化は目に見えるものがすべてだと判断します。無文字文化、文字文化の真ん中にいるのが芳一です。芳一の身体を奪い合う形で、無文字文化と文字文化が激突する。この争いの結果、芳一の耳が切り取られてしまうのです。

ひねくれ者の僕は、和尚さんは余計なことをしたものだと少し腹が立ちます。芳一は琵琶を弾くのが好きだったわけだし、彼の演奏を喜んで聴いてくれる怨霊に囲まれて暮らすのは幸せなことなのではないでしょうか。すんなりと無文字文化の領域、あの世に行っていれば、彼は耳を失うこともなかったのです。和尚さんがしたことは文字文化、目が見える者の論理では正しいのですが、それがほんとうに芳一のためになったかというと疑問でしょう。「耳なし芳一」は、「使わない」が「使えない」に変わっていく過程を描写した傑作ということができます。

琵琶法師が活躍する時代、中世には亡魂が人々の生活に身近な存在でした。人々は、目に見えない亡魂の声を聴き、そのメッセージを自然に受け入れていました。でも文字文化が社会に浸透する中で、亡魂は単なる供養の対象とされます。無文字文化で重んじられた音と声が駆逐されていくのです。音と声の大切さを熟知するハーンが、近代化の流れに抗して「耳なし芳一」を書き残したというのも、たいへん示唆的だと思います。

5　民衆宗教の勃興

次に、文字文化が主流となる近代社会において、「使わない」マイノリティたちの逆襲があったことに触れます。文字は視覚によって伝達されます。ですから、必然的に文字文化の時代は視覚優位となります。視覚優位の近代の象徴として誕生するのがミュージアムです。ミュージアムの展示は「見る／見せる」ことを前提に構成されています。近代国家、支配者の権威・権力を視覚的にアピールするのがミュージアム成立の大きな要因なのは間違いないでしょう。

そんな近代にあっても、無文字文化の復権をめざし、文字を使わない思想に力点を置く運動がいくつも勃興しています。その代表がいわゆる民衆宗教です。幕末維新期に新しい教団が各地に生まれます。天理教の教祖・中山みきは『おふでさき』を書き残します。これは神からのメッセージを自動書記したものといわれています。明治中期に成立・発展する大本教の教祖・出口なおは文盲で、日常生活では文字の読み書きができませんでした。しかし、彼女も神の言葉を「お筆先」として残しました。

『霊界物語』は大正期以降、大本教の教典となりますが、これは出口王仁三郎が口述筆記したものです。王仁三郎がトランス状態で気宇壮大、あるいは荒唐無稽な物語を語る。まさに口から出任せです。王仁三郎が述べる霊界からの啓示は、信者の手によって文字に記録されます。『おふでさき』も『霊界物語』も印刷、書籍化するという点では文字文化に属しますが、これらの教典は信者たちによって繰り返し音読、朗誦・暗誦されるのです。神の声を人間の声で再現する。民衆宗教には、文字に依拠しない無文字文化の伝統が息づいていました。

民衆宗教は、近代社会が忘れかけていた無文字文化を復興するという点で、有意義な精神運動だったといえます。でも、カリスマ性を持つ教祖の没後、多くの教団は文字文化に復帰し、文書による布教活動にシフトしていくのです。昨今の宗教研究では、民衆宗教の教典は文字文化の立場から分析されています。無文字文化、つまり音と声による教義の伝授という観点で教典を読み直せば、「目から鱗」ならぬ「耳から鱗」の新解釈が生まれるのではないでしょうか。

ここで、麻原彰晃に言及します。難しいテーマですが、あえて触れたい、触れなければならないと感じています。ご存知のように、二〇一八年七月、麻原彰晃（本名・松本智津夫）が処刑されました。一連のオウム事件は一九九五年ですから、今の学生さんはまだ生まれていませんね。二十代の若者で、事件報道のテレビ、新聞などをリアルタイムで見た人はほとんどいないでしょう。オウム関連の裁判が終結し、事件は忘却されていくのだと思いますが、あれは何だったのか、今一度、とくに若い世代のみなさんには自分たちの問題として考えてもらいたいのです。

麻原は先天性の視覚障害者で、熊本の盲学校を卒業しました。熊本大学医学部、東京大学法学部への進学を目標としますが、あえなく挫折。学歴で健常者の上に立つことに失敗します。次に彼は金儲けで健常者に対抗しようとしますが、偽薬作りの罪で逮捕される。最終的に彼がたどり着いたのが宗教です。現実の社会とは異なる論理を構築し、彼は教祖として君臨します。でも、その教団は犯罪集団化し、自滅するわけです。裁判に臨んだ彼は詐病だったのか、ほんとうに精神障害を発症していたのか、よくわかりません。いずれにしても、彼は事件の意味について本質的なことを語らぬまま、あの世に旅立ってしまいました。

もちろん、麻原を弁護するつもりはありません。しかし、文字文化・無文字文化の文脈で彼のライフストーリーをあらためて検証すると、意外な発見があるはずです。弱視だった麻原は徐々に視力が低下し、九〇年代にはほぼ全盲になっていたといわれています。教団の武装化、非合法活動への傾斜が彼の視力喪失のプロセスと重なっているのは、単なる偶然ではないでしょう。一三歳で失明した僕と、四〇歳前後で視力を失った麻原。当然、両者の視覚障害に対する認識は違うものだと思います。

初期のオウム教団ではヨーガ行法、原始仏教の教義などを取り入れ、文字を使わない教えを宣揚します。反近代性を標榜するという面で、オウム真理教が民衆宗教の流れに属しているのは確かです。視力を失った教祖は、無文字文化の復興に向けてさらに突き進むチャンスを得たともいえます。ところが、麻原にとって失明はプラスの作用をもたらしませんでした。彼は「視覚を使えない」俗物であり、「視覚を使わない」教祖にはなれなかったということです。レジュメでは、「修行（自己革新）を放棄した宗教家の末路」という言葉で、彼の破滅を総括しています。

九〇年代以降、オウムが機関誌による宣教、覚醒剤などを用いる神秘体験（目に見える成果）を重視するようになるのは皮肉です。麻原とは、文字文化の圧力に敗北した「近代化の犠牲者」といえるのかもしれません。麻原を生み育てたのは僕たちの社会です。反社会的なテロリスト、詐欺師として麻原を処理するだけでは何の解決にもなりません。彼の背景に何があったのか、人類史の問題として探究することが大切だと思います。

6 無文字文化とユニバーサル・ミュージアム

ここまで、無文字文化、文字を使わない生き方（行き方）が人類史を俯瞰する視座として重要であることを述べてきました。そして、この無文字文化が近代以降の社会で顧みられなくなったこと、無文字文化の復権により二一世紀を生きる僕たちが新たな人間観・世界観を獲得できること。この二つのポイントが、本日の僕の講演の結論です。では、近代化のシンボルである博物館において、無文字文化の復権のために何ができるのか。最後にこの点について考えることにしましょう。

昨今のミュージアムでは「アクセシビリティ」が大きな課題として注目されています。アクセシビリティとは、日本語では「利用しやすさ」と訳されます。ここ数年、世界各地でアクセシビリティを主題とする博物館関係の国際会議、シンポジウムが開かれるようになりました。高齢者、子ども、外国人、障害者……。従来の博物館を利用しようとしても、さまざまな理由により利用しにくい人はたくさんいました。そういったマイノリティたちのニーズに配慮する「開かれた博物館」を創造しよう。これが国際的なトレンドとなっています。日本では二〇二〇年にオリンピック、パラリンピックが行われるので、アクセシビリティは今後、各分野で強調されるでしょう。

もちろん、アクセシビリティは大事ですし、僕自身、視覚障害者が楽しめる博物館がもっと増えれば嬉しい。でも、僕や篠原さんがこの十年ほど取り組んできたユニバーサル・ミュージアムは、アクセシビリティの確保だけで終わるものではありません。いや、終わってはいけないのです。アクセシビリティを僕流に再定義すれば、「使えない不自由を解消すること」となります。つまり、アクセシビリティの個別の課題である障害者対応、高齢者対応、外国人対応などがある程度改善・達成されると、「いろんな人にとって利用しやすい博物館になってよかったね」で終わってしまうわけです。

ユニバーサル・ミュージアムは既存の博物館にパラダイムシフトを迫ります。視覚優位、視覚偏重の展示、教育プログラムを脱却し、「感覚の多様性を尊重する博物館」を具体化していくのがユニバーサル・ミュージアム運動の要諦《ようてい》です。たとえば、視覚、聴覚などを「使えない」人々が「使える」ようになる工夫をする。いうまでもなく、点字パンフレットの作成、手話通訳者の手配は必要です。アクセシビリティの発想ではそれで事足れりとなるでしょう。ユニバーサル・ミュージアムでは「使わない」自由、解放感を最大限引き出すことを奨励します。文字を使わない人々が楽しめる博物館とは、どんなものなのか。博物館はどうやって無文字文化を展示できるのか。この後、会場のみなさんからご意見をうかがえれば幸いです。

7 「障害」概念を再考する

本日の講演の中で、便宜上、僕は「健常者」という用語を使ってきました。じつは、僕はこの言葉が嫌いです。というか、よく意味がわからない。他に適当な表現がなく、また一般社会では通じやすいので、非障害者を健常者と称しているだけです。僕は一三歳で完全に目が見えなくなりました。でも、身体の他の部分は健康です。もう五〇歳を過ぎましたが、博物館の同僚、同世代の友人と比べても、自分は元気だなあと思います。声は大きいし、雑食系で何でもよく食べる。風邪もほとんどひきません。けれども、世間のカテゴリーでは僕は重度障害者であり、健常者ではない。僕よりも健康ではない健常者が世の中にはたくさんいます。健常者の「健」とは何なのか。なんとも意味不明ですね。

そこで、僕は「健」を「見」に置き換えて、「見常者」という呼称を提案しています。見ることが常の人。近代以降の視覚優位の社会、文字文化の時代は圧倒的多数派が見常者です。今日、この会場に集まっておられる方々で「健常者」ではないという人はいるかもしれませんが、

「見常者」ではないという人はおそらくいないでしょう。

それでは、目の見えない人はどう呼ぶべきか。僕は「触常者」という呼称を用いています。さわることを得意とする人。この「触」とは、反視覚、脱視覚というニュアンスです。見常者と触常者。僕はこの新しい概念を十年ほど使っています。あちこちで書いたり喋ったりして、ようやく少しずつ社会に広がってきたかなと感じています。「健常者／障害者」の区分には上下関係が潜んでいます。見常者・触常者には優劣がなく、対等な関係で異文化間コミュニケーションを楽しむことができるでしょう。

「見常者／触常者」という発想の下、視覚障害を再定義する研究は、ユニバーサル・ミュージアム運動の中で生まれ、鍛えられてきました。ユニバーサル・ミュージアムについて、配布資料に即して、少し補足します。「無視覚流鑑賞の極意六箇条」をご覧ください（本書第６章参照）。この「六箇条」は二〇一七年の東海大学のシンポジウムで発表し、僕が現在、いちばん力を入れて広報している檄文（？）です。

ユニバーサル・ミュージアム運動では単に展示のノウハウを研究・蓄積するのみでなく、鑑賞・制作を積極的に繰り返すワークショップを重視しています。無視覚流鑑賞とは、「視覚を使わない」鑑賞です。冒頭でも述べたように、目が見えるみなさんが「年表」にさわるのと、僕がさわる違いは何か。みなさんは視覚でとらえた情報を確かめる触察になります。一方、僕は「無文字文化はどこまで続くのか」と、はらはら、どきどきしながら手を動かすわけです。このスリルが無視覚流の特徴といえます。

ここで重要なのは、無視覚流鑑賞は視覚障害者の美術鑑賞の疑似体験ではないということです。つまり、無視覚流は健常者にもスリルと感動をもたらすユニバーサルな美術鑑賞法ということができます。たとえば、僕が勤務する民博は世界各地の生活用具を展示しています。初代館長の梅棹忠夫先生は「がらくた博物館」と称していました。ハンズオン（手で触れて実感する学習法）とか障害者対応ということではなく、モノの迫力をダイレクトに伝えるために、露出展示を採用しています。来館者にアイマスク着用で民博の展示を味わってもらう。これはアクセシビリティではなく、展示の可能性を広げる試みになりますね。

それから、来館者が制作体験をした後に彫刻作品を鑑賞すると、理解、感動が深まるのは間違いありません。細かい技法や細工は、自分が実体験することにより、そのすばらしさへの気づきが生まれます。ユニバーサル・ミュージアムのワークショップでは鑑賞と制作を組み合わせること、「さわって創る」「創ってさわる」プロセスを大切にしています。

博物館での体験をどのようにして日常生活に活かすことができるのか。この点もユニバーサル・ミュージアム運動のポイントです。配布した「ユニバーサル・ミュージアムの六原則」は、博物館体験を日常生活につなげていこうという提案です。原則というのは抽象的でわかりにくいものですが、ここに挙げた六つの項目をヒントとして、視覚中心の生活を見直すことができるのではないかと考えています。

では、ユニバーサル・ミュージアム研究・運動の中で、障害当事者が果たす役割とはどんなものでしょうか。ここ数年、アクセシビリティ、ソーシャル・インクルージョンをテーマとする博物館関係の国際会議に時々招待されます。二〇一八年一一月には台湾の国立歴史博物館に行ってきました。

国際会議に参加している研究者、学芸員はほぼすべて健常者です。アクセシビリティの向上に熱心に取り組む彼らの努力、熱意は評価したいのですが、違和感を抱くこともあります。彼らの多くは悪気なく、「障害のある人も健常者と同じ体験ができるようにすることが博物館の使命だ」と信じています。みんなが「同じ」になったら、なんだか社会は味気なくて、おもしろみがなくなりますよね。

今日、僕は講演のタイトルを「『無文字文化』の沃野を歩く」としました。本日の講演を通じて、無文字文化が不毛地帯、荒野ではなく、多元的な可能性を秘めた沃野であることはおわかりいただけたでしょう。ここで、あえて僕は「歩く」という語を使っています。一般に、動物が二本足で歩行するようになり、人間が誕生したというのが進化論です。手を自由に使えるようになったことが文字文化の前提ともいえます。みなさんは日々何気なく二本足で歩いているわけですが、車いす使用者のように、あまり足を使わずに移動する人もいる。また、僕のような視覚障害者は白杖を持って歩きます。つまり、二本ではなく三本足歩行なのです。「三本足で歩く俺は動物的な勘が働くんだ」と威張っています。

篠原さんは酔っぱらうと四本足で歩くこともあるでしょう。社会の多数派は二本足で歩くことを当たり前だと決めつけていますが、そうじゃない人もいる。「多様性」というのは陳腐な表現ですが、会場の学生さんには「歩く」をキーワードとして、僕の生き様から何かを感じてほしい。そんな希望を持っています。感覚の多様性、「違い」を大事にするのがユニバーサル・ミュージアムなのです。

もう一つ、講演のレジュメを作りながら、インスピレーションを得たことがあります。いわゆる障害者アートは知的障害者、精神障害者たちの作品です。近年、各方面で注目されており、イベントや展覧会も増えています。「障害者アート」という括り方はよくないので、アール・ブリュット（生の芸術）と呼ぼうという主張もあります。僕自身、障害者アート、アール・ブリュットに少なからぬ関心を持っていますし、その啓発事業に関わったりもしてきました。

しかし、どうも僕の中では障害者アート、アール・ブリュットのどちらの呼称もしっくりこない。あれこれ思案するうちに、ひらめきました。いわゆる障害者アートを「無文字アート」と呼ぶのはどうでしょうか。無文字文化の思想を導入することにより、「障害」のとらえ方が変わる。無文字文化は既存の世界観・人間観を問い直す汎用性の高い概念だと思います。

さて、講演を締め括るに当たって、若者にエールを送ることにしましょう。僕は、東海大学で学芸員資格取得のための博物館実習を担当しています。もう五年を過ぎたでしょうか。残念ながら、頑張って学芸員資格を取得しても、就職に結び付かない現実があります。学芸員の募集が少ないので、ほんとうに狭き門になっています。

学芸員にならなくても、大学で勉強した博物館学は、かならず社会に出てから役に立つ。いや、役立ててほしい。僕はこんな思いを持って、毎回の実習で学生さんに語りかけています。ユニバーサル・ミュージアムでは物との接し方、さらには者との接し方の改変を訴えています。まさに、博物館体験を日常生活にリンクさせる実習ですね。学芸員になれなくても（ならなくても）、学芸員資格を取得してよかった。そう感じてもらえるような実習を続けていきたいものです。みなさんも社会人として必要な「学」と「芸」を幅広く身につける意気込みで、僕や篠原先生の実習に臨んでください。

〔参考〕「ユニバーサル・ミュージアム」の六原則

①　誰がさわるのか（who）
障害の有無、国籍などに関係なく、老若男女、すべての人が〝さわる〟豊かさと奥深さを味わうことができる。
⇐
単なる障害者サービス、弱者支援という一方向の福祉的発想を乗り越え、新たな「共生」の可能性を提示するのがユニバーサル・ミュージアムである。

②　何をさわるのか（what）
手で創られ、使われ、伝えられる「本物」のリアリティを体感できない時は、質感・機能・形状にこだわり、〝さわる〟ためのレプリカを制作・活用する。
⇐
さわれない物（視覚情報）をさわれる物（触覚情報）に変換する創意工夫の積み重ねにより、日々発展し続けるのがユニバーサル・ミュージアムである。

③　いつさわるのか（when）

人間の皮膚感覚（広義の触覚）は二四時間・三六五日、休むことなく働いており、自己の内部と外部を結びつけている。

⇐

展示資料に〝さわる〟行為を通じて、身体に眠る潜在能力、全身の感覚を呼び覚まし、万人の日常生活に刺激を与えるのがユニバーサル・ミュージアムである。

④　どこでさわるのか（where）

〝さわる〟研究と実践は、博物館のみならず、学校教育・まちづくり・観光などの他分野にも拡大・応用できる。

⇐

両手を自由に動かす「能動性」、多様な感覚を動員する「身体性」、モノ・者との対話を楽しむ「双方向性」を促す場を拓くのがユニバーサル・ミュージアムである。

⑤　なぜさわるのか（why）

世の中には「さわらなければわからないこと」「さわると、より深く理解できる自然現象、事物の特徴」がある。

⇐　視覚優位の現代社会にあって、サイエンス、アート、コミュニケーションの手法を駆使して、触文化の意義を明らかにするのがユニバーサル・ミュージアムである。

⑥　どうさわるのか（how）

「優しく、ゆっくり」、そして「大きく、小さく」〝さわる〟ことによって、人間の想像力・創造力が鍛えられる。

⇐　「より多く、より速く」という近代的な価値観・常識を改変していくために、〝さわる〟マナーを育み、社会に発信するのがユニバーサル・ミュージアムである。

第2章　文化相対主義に基づく障害研究の可能性

1　梅棹忠夫『夜はまだあけぬか』を読み直す

二人の研究者の「生き方＝行き方」を比較する

民博の初代館長・梅棹忠夫は六五歳の時に失明し、その後の二五年を視覚障害とともに生きた。彼の失明後の心境は、『夜はまだあけぬか』（一九八九年）に克明に記されている。梅棹にとって視覚障害とはどんな意味を持っていたのだろうか。梅棹は失明前の六十年余を「見常者」（視覚に依拠する生活を送る人）として暮らした。世界中を旅し、多くの事物を見て、独創的な著書・論文を発表してきた梅棹にとって、視覚は人一倍重要な感覚であったのは間違いない。その視覚が失明により「使えなく」なったのである。

彼の失明に対する思いは、「夜はまだあけぬか」という言葉に端的に要約されている。つまり、彼にとって視覚障害とは「あけぬ夜」だった。晩年の梅棹は、いつかかならず夜はあけると信じて生きたともいえよう。梅棹が「あけぬ夜」という運命・苦境を甘受し、失明後も旺盛な著作活動に取り組んだことは尊敬に値する。しかし、やや厳しい評価をするならば、失明後の梅棹の著作は、見常者だったころの思索・体験をまとめたものである。

戦後日本を代表する知の巨人といわれる梅棹忠夫にとっても、六五歳という高齢での失明は、「今までできていたことができなくなる」マイナス以外の何物でもなかった。残念ながら、彼が視覚障害者ならではの「知的生産の技術」を開拓することはなかったのである。もしも梅棹が四十代、五十代で失明していたら、点字の触読もマスターしたであろう。さらに、視覚障害者のライフスタイル、文化について、さまざまな提言もしていたに違いない。その意味で、僕は梅棹を「遅すぎた失明者」と称している。

梅棹の著書と拙著を並べるのはおこがましいが、二〇一七年一二月に『目に見えない世界を歩く』が出版された。本書は僕の半生、これまでの研究成果を紹介する一般向けの新書である。僕の視覚障害に対する認識は、梅棹とは異なる。一三歳で失明した僕は、その後の四〇年を視覚障害者として生きてきた。一三歳の段階で、「今までできていたことができなくなる」と絶望していては、僕の人生は終わってしまう。

中学から通い始めた盲学校では、点字の教科書を読まなければ勉強ができない。盲学校で僕は、「触常者」（触覚に依拠する生活を送る人）として生きる知恵を身につけた。拙著では、マジョリティとは一味違う「ウェイ・オブ・ライフ」（生き方＝行き方）を探究し、「あけぬ夜」を歓迎するに至る僕の歩みを素直に記述している。近年のＩＣＴの進展、障害を取り巻く環境の変化が、視覚を「使わない」人生、研究の可能性を模索する僕にとってプラスに働いているのも確かだろう。

障害研究の夜明け

『夜はまだあけぬか』『目に見えない世界を歩く』は、いずれも視覚障害を異文化ととらえ、失明した研究者の異文化体験、フィールドワークを記録するという点で共通している。梅棹は見常者の視点で「あけぬ夜」と対峙した。一方、僕は触常者というマイノリティの立ち位置から、見常者中心の社会にメッセージを届けることを試みた。梅棹のフィールドワークが「健常者→障害者」のスタンスだとすれば、僕は「障害者→健常者」という発想にこだわったともいえる。両書を読み比べれば、視覚障害という現象を研究対象と位置付け、「あけぬ夜」を実地調査する方法を知ることができるだろう。

文化相対主義は、今日の文化人類学を支える基本理念である。レヴィ＝ストロースは一九六二年刊行の『野生の思考』において、文明人の思考と本質的に異なる未開の思考が存在するという幻想を解体した。野生の思考とは、いわゆる未開人、原始人固有の思考ではない。野生の思考が文明人の科学的思考と共存、相互補完していることを実証し、その復権を主張したのがレヴィ＝ストロースの最大の功績である。

レヴィ＝ストロースは一九三〇年代のブラジルで西欧人による自然破壊、産業化が伝統文化を蝕んでいく悲劇を実見し、有名な『悲しき熱帯』を著した。この古典的名著の刊行から約六十年。人類学の文化相対主義は、世界各地の研究者たちのフィールドワークの蓄積により鍛えられてきた。だが、異文化を研究対象とする人類学にあっても、障害が積極的に取り上げられることはほとんどなかったのではないか。『悲しき熱帯』でも、障害とは単なる害悪、不幸であるという表面的な理解にとどまっている。

ここで、仮に文明人を健常者、未開人を障害者に置き換えてみると、論点が明確となる。文化人類学が真の意味で多様性に気づき、多様性を築く学として成熟し、現代社会に貢献するためには、障害は避けて通れない必須テーマなのではなかろうか。二〇一六年の障害者差別解消法施行後、各方面で障害者に関係する「合理的配慮」のあり方が検討されている。合理的配慮は、障害者たちを「悲しき熱帯」へ追い込むのではなく、彼らの「野生の思考」を維持・拡張するものでなければなるまい。僕は梅棹忠夫の『夜はまだあけぬか』の「夜」を障害の学問研究、社会認識と解釈してみたい。『目に見えない世界を歩く』の各章が示すように、この「夜」に対する果敢な挑戦、障害者の「野生の思考」を引き出す実践はすでに始まっている。

梅棹先生、「夜」はもうすぐあけますよ、きっと！

「全盲」のフィールドワーク：二人の研究者の生き方（行き方）の比較

	梅棹　忠夫（遅すぎた失明者）	広瀬　浩二郎（琵琶を持たない琵琶法師）
失明の時期	65 歳	13 歳
失明の意味	絶望	渇望
失明のとらえ方	運命を甘受	天命を歓迎
失明後の心境	夜はまだあけぬか	あけぬ夜もまた楽し
歩くことの意義	共生	自立
「視覚障害」をフィールドワークする立ち位置	健→障	障→健
失明前の見識	5	1
点字の触読	0	5
聴覚の活用	5	4
視覚障害者としての意識	2	5
失明後の人間関係	5	3
失明後の著作活動	5	2
総合点	２２	２０

2 「合理的配慮」再考 ― 特殊教育研究者への手紙 ―

視覚障害者の「見方」を知る入門書

伊藤亜紗著『目の見えない人は世界をどう見ているのか』(二〇一五年)が売れている。本書は、健常者とは異なる世界の「見方」をする人々として、視覚障害者の生の声を取り上げる。障害者福祉・教育などとはまったく違う分野の研究者が、本書を刊行したことは新鮮である。そして、親しみやすい文体で「目が見えないこと」の積極的な意味を紹介する本書が、広く一般社会に受け入れられた事実は歓迎すべきだろう。本書を通じて、世間の障害観が変化することを期待したい。

じつは、僕自身も本書に登場している。本書がきっかけで、僕の存在、活動を知ったという読者も多いので、伊藤さんには感謝しなければならない。一方、視覚障害関連の書籍として、本書が例外的に売れたことについて、僕は多少の違和感を抱く。伊藤さんの本には、「私たち」(健常者)と「彼ら」(障害者)を無意識のうちに分ける発想が内包されている。やや厳しい表現をするなら、動物園で檻の中にいる動物を眺める視線が、随所に見え隠れしているともいえるだろうか。「私たち」と「彼ら」の間には、表面的な交流は成立するとしても、そこからは真の共感・協働は生まれないのである。

誤解を恐れずに言うなら、障害者に寄り添い、ともに歩んできた特殊教育の関係者の一部が、『目の見えない人は世界をどう見ているのか』を絶賛していることに、僕は疑問と不満を感じる。たしかに、本書は視覚障害を知る一般向けの入門書としては優れているかもしれない。だが、そこには真の障害者理解に至る深さ、説得力はないだろう。視覚障害者がユニークな「見方」を持つことを評価するのはいいが、その「見方」にたどり着くまでに、彼らがどんな人生経験（時には苦労）をしてきたのか、本書では詳述されない。

障害者福祉・教育の専門家に対する期待

特殊教育の研究者が伊藤さんのような本を書かなかった（書けなかった）理由として、以下の二つが考えられる。

① 視覚障害者の存在があまりにも身近で、彼らの「見方」を自明なものとして受け入れていた。

② 障害者はあくまでも支援の対象であるという認識にとらわれており、障害を強みに変える「見方」に気づくことができなかった。

二〇一六年の障害者差別解消法施行後、各方面で「合理的配慮」のあり方が模索されている。合理的配慮は、二〇世紀の障害者運動の国際的な潮流の中で構築された「共生」の概念である。しかし、事業への影響の程度、実現困難度、企業の財務状況などを勘案し、「過重な負担」と判断される場合は、合理的配慮の提供義務はない。つまり、「合理的」の範囲は限定されている。この概念の根底にあるのは、健常者中心の社会システムの中に、どうすれば障害者を適応させることができるのかという能力主義的な課題設定だろう。現状の合理的配慮のみでは、「障害／健常」の二項対立を超克することは難しい。

伊藤さんの本は、ある意味で合理的配慮を創造・開拓するための対話の書と位置付けることができる。とはいえ、「私たち」と「彼ら」の間には、対話を阻む檻が厳存していることを忘れてはなるまい。残念ながら、伊藤さんの本には檻を取り除く具体的な方途は示されていない。そもそも、社会全般を支配する〝理〟とは、健常者が創出したものである。障害者がこの〝理〟に合わせることを一方的に強いられるのなら、差別解消は絵に描いた餅で終わってしまう。合理的配慮の追求は、ややもすると「合理的排除」を惹起しかねないのである。

繰り返しになるが、『目の見えない人は世界をどう見ているのか』が注目されるのは喜ばしい。ただし、特殊教育の研究者たちはこの現象を批判し、乗り越えていかなければならない。二〇二〇年のオリパラ開催の影響で、障害者への関心が高まっている。オリパラを一過性のブームで終わらせないためにも、障害者福祉・教育の専門家の奮起を促したい。

３　芳一なし〝耳〟の話

視覚障害者と耳

いきなり卑近な例で恐縮だが、現代日本に生きる視覚障害者（僕）の日常を紹介しよう。僕はごく平均的な全盲者で、耳を頼りに日々生活している。最近、五〇歳を過ぎた僕は体力の減退、体重の増加により少々くたびれてきた。それでも、職場はもちろん、講演やワークショップのため、毎日元気よく各地に出かけている。以下に、ある日の僕の行動を時間を追って挙げてみる。

白い杖を持って自宅マンションを出た僕は、杖の音を響かせながら最寄り駅に向かう。杖の音の反響で道路の幅、障害物の有無を感知することができる。交差点では信号が見えないので、周囲の人の足音、行き交う車の走行音に耳を澄ます（車の音がしない時は、堂々と信号無視することもある）。駅では自動改札機の音に向かって進み、階段を上がる。ホームでは電車のドアが開く音の方向を見定め（聴き定め）、杖を前に出す。電車の中では、ボランティアの手で作成された音訳雑誌（通常の雑誌を音声録音したもの）を楽しむ。僕が好んで聴く（読む）のは『文藝春秋』『中央公論』『世界』などの月刊誌である。

職場に着くと、誰の声なのかを耳で判断し、朝の挨拶をする。向こうから声をかけられて、誰なのかがよくわからぬまま、とりあえず挨拶を返すことも多い。職場ではパソコンの音声ソフト（スクリーンリーダー）で画面上の文字情報を確認し、メールを処理する。インターネットで調べものをしたり、論文やエッセーを執筆することもある。昼食時は食堂の店員に定食の内容を尋ねて注文。他人の話し声、気配に注目（注耳）し、人が座っていない（と思われる）席を探す。午後の会議では同僚の発言を時に真剣に聴き、時に漫然と聞く。最近は会議資料を電子データでもらえるので、会議の前後に音声パソコンを駆使して、自力で読めるのはありがたい。

と、まあ僕の一日は、耳とは切っても切れない関係に支えられている。あの開高健は、音の記憶をつなげて自伝『耳の物語』を完成させた。視覚障害者には『耳の物語』を上回る傑作が書けるのではないか。残念ながら僕は怠け者なので、まだ自伝を書くつもりはないが。

一般に、音は耳でキャッチする。耳の機能には「聞く」(hear) と「聴く」(listen) があるが、人間はこの二つの耳の働きにより、さまざまな聴覚情報を入手している。先述の僕の事例が明示するように、視覚障害者は目を使わない代わりに、耳を頻繁に用いる。現在、健常者（マジョリティ）は日常生活において八割以上の情報を視覚で得ているといわれる。一方、聴覚と触覚に依拠しているのが視覚障害者なのである。視覚障害者は健常者以上に「聞く」「聴く」ことに長けているともいえるだろう。

ご存知のように、視覚障害者の中には国際的に活躍する音楽家が多い。視覚を使わなくなると、否応なく人間は「聞く」「聴く」ことに集中する。そこから、音に対する繊細な感覚が育つのだろう。僕は「聞く」「聴く」の先に、音を「利く」（utilize）という段階があると感じている。宮城道雄、辻井伸行、レイ・チャールズ、スティーヴィー・ワンダー……。彼らは音を「利く」達人ということができる。音は耳で聴く（聞く）という固定観念を脱し、全身で音を利く境地に達することができる人は、視覚障害者の中でもさほど多くはない。僕はカラオケが好きだが、自他ともに認める音痴だし、音感・リズム感はなんとも怪しい。「聞く」「聴く」はできても、「利く」レベルからは程遠いと言わざるを得ない。

奪われた耳はどこへ行ったのか

「耳なし芳一の話」は、ラフカディオ・ハーンの『怪談』（一九〇四年）に取り上げられて有名である。日本の子どもたちはちょっと怖い物語として、この昔話に親しんでいる。『怪談』は一九六四年に映画化され、世界的にも多分野で知られるようになった。「耳なし芳一の話」は、琵琶の名手で盲目の芳一が、平家の怨霊に耳を引きちぎられてしまう悲劇的なストーリーと思われがちである。しかし大切なのは、この物語がハッピーエンドであること。耳を奪われた芳一は「耳なし」ゆえに著名となり、琵琶法師としての腕を磨き、裕福な晩年を迎える。まさに、災い転じて福となすの好例だろう。

本節では、芳一から引き離された耳を指す際、〝耳〟と表記する。耳は普通名詞だが、〝耳〟は固有名詞ということになる。芳一が最終的に幸福になったのは喜ばしいが、僕には多少の不満がある。今日、芳一のことは多くの人が知っているが、では切り取られた耳はどうなったのか。芳一なき後の〝耳〟の行方に関心を持つ人は少ない。そもそも、なぜ耳を失った芳一が、優れた琵琶法師になることができたのかというのは素朴な疑問である。僕は〝耳〟の立場からこの疑問について考えてみた。

芳一は耳を切り取られることにより、幸か不幸か耳で聞く・聴く常識を超克し、「全身で利く」能力を獲得したのではなかろうか。耳の束縛から離れ、自由になったのである。芳一が語る『平家物語』の壇ノ浦の合戦の場面では、船を漕ぐ音、波音、矢が飛び交い刀がぶつかり合う音などが巧みに表現される。いうまでもなく、これらは単純な聴覚情報ではない。目の見えない芳一が、自らは見たことも聞いたこともない合戦の現場に身を置く。そして、全身でとらえた合戦の雰囲気を音と声で再現する。琵琶法師とは、誰も見たことがない風景を音と声で想像・創造するアーティストだといえるだろう。

もう一つ忘れてはならないのは、琵琶法師の語りを聴く人々の感性である。『平家物語』を聴く人の大半は目が見えている。しかし、写真やＤＶＤがない時代に、何百年も前の合戦の様子を視覚的に見ることは不可能である。そんな時、琵琶法師の音と声は、聴く者の想像力・創造力をかき立てる。見たことがない風景を想像・創造する点において、視覚障害の有無は関係ない。

おそらく、琵琶法師が活躍した前近代の社会には、「障害」という概念は存在しなかったのではないか。当然、目が見えない者、すなわち盲人は多数いたであろう。だが、盲人たちは「聞く」「聴く」、さらには「利く」職人として、社会の中で一定のポジションを与えられていたのである。前近代は今以上に不自由、不便なことがたくさんあったが、人間の能力は複数の物差しによって測られていた。昨今はダイバーシティ、インクルージョンなどが一種の流行語となっている。欧米的な理念を学ぶのみでなく、多様性を具現する実践が前近代の日本にもあったことは看過すべきではない。近代合理主義の発想とは異なる共生の可能性を示す文学として、あらためて「耳なし芳一の話」を評価したい。僕はそう強く思う。

琵琶法師とハーンをつなぐもの

それでは、いよいよ芳一から切り離された〝耳〟の話をしよう。芳一は耳を失うことで「利く」能力を身につけたわけだが、〝耳〟も芳一から離れ、永遠の生命、時空を超える行動の自由を手に入れる。現在の〝耳〟の役割は、主に以下の二つである。世界各地で視力を失い嘆いている人、困っている視覚障害者の耳元に近づき、「ほら、耳を澄ましてごらん」と優しく語りかける。「あなたには耳があるじゃないか」「もっともっと耳を上手に使えば楽しくなるよ」。芳一という一人の琵琶法師に寄り添うよりも、世界中の視覚障害者の自立（耳立）に貢献できるのは、やりがいのある仕事といえよう。

〝耳〟の仕事の相手は、視覚障害者に限定されない。飛行機が離着陸する際、新幹線が高速でトンネルを走り抜ける際、高層ビルの最上階にエレベーターで昇る際。人々は耳の違和感に戸惑う。これは科学的には気圧の変化が原因とされるが、じつは〝耳〟の仕業なのではないかと僕は感じている。「おいおい、そんなに急いでどうするんだい」「視覚もいいけど、たまには耳にも意識を向けてみようぜ」。〝耳〟のメッセージをきちんと理解し、共感してくれる人はどれくらいいるだろうか。

現代は視覚優位、視覚偏重の時代である。近代化の流れの中で、人間は「より多く、より速く」という価値観を第一とし、進歩を続けてきた。こういった進歩の要求にマッチしたのが視覚である。他の感覚に比して、視覚は「より多く、より速く」情報を入手・伝達することができる。近代化、人類の進歩とは「見えないものを見えるようにすること」であるともいえるだろう。そんな近代に異議申し立てをするのが〝耳〟なのである。〝耳〟は音や声を通して、目に見えない世界、視覚では認識できない事物の本質にアプローチする。

「耳なし芳一の話」は、耳（見えないもの）の時代から、目（見えるもの）の時代への移行を象徴する文学作品と位置付けることができる。平家の怨霊は、目に見えない世界に住んでいる。一方、目に見える世界を代表するのが、芳一が暮らす阿弥陀寺の和尚である。前近代の日本では、目に見えない世界、亡魂はごく身近なもので、死者と生者の交流も盛んだった。

芳一が怨霊の世界（あの世）に連れ去られてしまってはたいへんだ。これはマジョリティ（目が見える者）の論理としては正しい。しかし、もしかすると音と声の領域で個性を発揮している芳一にとって、怨霊が住む「あちら側」は意外と居心地のいい場所だったのではなかろうか。見える世界（目の時代）と、見えない世界（耳の時代）が、芳一の身体を真ん中にして激しく衝突する。両方から引っ張られた芳一は、結果として耳を失ってしまう。

文字の歴史、文化的な役割を考える上でも、「耳なし芳一の話」はきわめて示唆的である。中世、鎌倉・室町時代まで、日本人の多くは文字を使わない生活をしていた。琵琶法師たちも文字を使わない点ではハンディキャップがなく、逆に文字を使わない強みを活かして、ユニークな語り物、口承文芸を創造することができた。

江戸時代、寺子屋教育の充実により、日本人の多くが文字を使えるようになる。その結果、徐々に盲人たちは文字を使えない者として差別されるようになるのである。阿弥陀寺の和尚が芳一の全身に般若心経の経文（文字）を書く。さらに、和尚は怨霊から身を隠すために、芳一に「動くな、声を出すな」と命じる。音と気配を消すとは、盲人の強みを捨てよということである。和尚の行為は文字を使える者が、文字を使えない者を駆逐する歴史を表しているとも解釈できる。ところが、和尚は芳一の耳に経文を書き忘れてしまう。それはうっかりミスではなく、文字を使わない者の逆襲、視覚中心主義に対する聴覚からの抵抗の表出だった。耳は文字を使わない文化、目に見えない世界の最後にして最大の拠り所なのである。

「耳なし芳一の話」の原話は、江戸時代に各地で語られていた民話だとされる。文字を使わない人々が、文字を使えない人々へと変わっていく時代の大きな転換点に、芳一の原話が発生したのは興味深い。そして、ラフカディオ・ハーンが「耳なし芳一の話」を書き残した明治後期は、まさに日本が日清戦争を経て、近代化に邁進する時代だった。

少年期の事故で片日の視力を失い、残された右目も強度の近視だったハーンは、健常者以上に音に敏感だったと思われる。ハーンの作品には日本のさまざまな音が印象的に描かれている。耳が受け止めた感動を素直に文字化したのがハーンの文学だといえるかもしれない。「見る」

場合は自分が対象物の外にいることが多い。研究では、しばしば客観的に「見る」ことが求められる。一方、「聞く」「聴く」、もしくは「利く」場合は自らが対象物の中に入り込む、または対象物が自身の内部に入り込むという特徴がある。ハーンは音を介して日本人の生活の内面に入り込んだ。目ではなく耳を武器としたことで、彼は単なる研究書とは一味違う独創的な日本文化論を構築することができたのである。

日本に帰化したとはいえ、日本語が不自由だったハーンは、社会生活の中で「聞く」「聴く」ことを強いられるケースも多かっただろう。日本語が十分にはわからないことがプラスに作用し、ハーンは「利く」境地に至ったともいえよう。神戸で盲目の女性芸人に出会い、瞽女唄を聴いた彼は、次のように述べている。「日本の暮らしの中の悲しみや優しさや辛抱強さが、彼女の声とともに伝わってくるのが感じられた。それは目に見えぬ何かを追い求めているような切なさである。そこはかとない優しさが寄せてきて、周りでかすかに波打っているようだった」（「門付けの歌」牧野陽子訳）。

これは、ハーンが「耳の人」であったことを端的に示す記述といえるだろう。再話文学（元となる物語を独自の解釈と文体で作り直すこと）を得意とするハーン。『怪談』創作に当たって、妻の口伝えの原話を繰り返し利き、目に見えない世界を追求したハーン。紛れもなく彼は、琵琶法師の正統な後継者だったと総括できる。視覚優位、視覚偏重の現代だからこそ、ハーンの作品をじっくり読み返してみたい。あえて音訳図書で『怪談』に耳を傾けるのもいいだろう。

万人の「耳立」をめざして

二〇一九年二月、僕はロンドンに出張した。出張の目的は、〝耳〟の活動を調査すること。簡単に時間的・空間的移動ができるのが〝耳〟の得意技だが、僕は飛行機と新幹線を多用して、神出鬼没な〝耳〟の動きを追いかける。ロンドンでは聴覚情報のみで鑑賞できる演劇が上演されていた。昨今は音声ガイド、副音声解説などの導入が広がり、視覚障害者も映画・演劇を鑑賞できるようになった。副音声や音声ガイドが増えるのはありがたいが、どうしてもそれらは視覚障害者用の特別なサービスと受け取られてしまう。制作に時間と費用がかかるので、普及には限界がある。また、劇場や映画館では副音声を聴く人（マイノリティ）、聴かない人（マジョリティ）が分かれてしまうのも、「娯楽を共有する」面では問題だろう。

それならば、副音声や音声ガイドがなくても、みんなが自然なスタイルで楽しめる芝居を創ればいい。というのが、〝耳〟の代弁者を自認する僕の提案である。この提案を知ってか知らずか、ロンドンのＮＰＯが音と声で味わうことができる演劇を制作したというので、僕は期待しつつ出かけた。

その演劇は、イメージとしては「アクション付きのラジオドラマ」のようなものである。演

演劇「Flight Paths」のリーフレット。この演劇では、障害のある移民（主人公）のライフヒストリーが音と声で追体験できる。

劇なので役者の動作が多用されるが、台詞を聴いていれば各場面の状況を十分に把握できる。高低・左右など、声の位置の変化で役者の演技を想像するのも新鮮だった。演劇の中に琵琶法師や瞽女のエピソードがふんだんに盛り込まれていたのも嬉しい。これもラフカディオ・ハーンの影響、「耳なし芳一の話」の副産物といえるだろう。僕は「利く」ことができる聴覚演劇が日本でも上演される日を心待ちにしている。

飛行機は地球上を飛び交い、新幹線は分刻みのスケジュールで突っ走る。スマホを操っているつもりが、いつの間にかスマホに操られている若者たち。どうやら、万人の「耳立」を願う〝耳〟の東奔西走は当分続きそうだ。僕は体力の減退、体重の増加をものともせず、いつの日か盲人版『耳の物語』が書けるように、「音を利く」ための修行に励みたい。

第3章　五感で味わう、五感を味わう

1　「発建」の喜び　— そこにラーメン屋がある！ —

なぜ僕は歩くのか

僕はラーメンが食べたくなった。「よし、今日は知らない街を歩いてラーメン屋を探そう」。全盲の僕はこれまで、さまざまな街を歩いてきた。視覚障害者が白杖を片手に単独歩行するのは、容易なことではない。一三歳で失明した僕は、今まで当たり前にできていたことが、できなくなる現実を突き付けられた。トイレに行こうとして壁に激突する、慣れているはずの通学路で迷う……。歩くとは、全盲者にとって文字どおり障害（社会的障壁）との遭遇であるとともに、自立の第一歩になることを実感した。

僕は盲学校で歩行訓練を受け、徐々に自分の行動範囲を広げていった。視覚障害者が一人で歩く際、全身の感覚を総動員する。音を聴き、においを嗅ぎ、道の凹凸を足裏で確かめる。白杖はセンサー（触角）のようなものである。迷った時、困った時は行き交う人に援助を求める。

どんなタイミングで声をかけるのかは意外に難しい。また、声をかけても返事がない、無視されることもある。めげない、恥ずかしがらない、気にしない。視覚障害者の単独歩行には、ある種のずうずうしさ（物にぶつかっても、者にスルーされても大丈夫な「面の皮の厚さ」）が必要だろう。

僕の行動力の源泉は「食」である。おいしい物が食べたい！　この単純かつ本能的な欲求を満たすために、僕は各地を歩いてきた。高校時代、全盲の友人といっしょに池袋の街をさまよい、初めて居酒屋に入ったのは懐かしい思い出である（飲酒はしてません、念のため）。大学時代、京都で一人暮らしを始めた僕は、定食屋を求め、下宿の周りを探険した。「今日は別の店に行ってみよう」「あの店の先には何があるのか」。すべての道は「食」に発する。これが僕のモットーである。

二十代、三十代で米国に留学した時も、「食」は僕の好奇心をかき立てた。「すみません、この辺にレストランはありませんか」「どんな料理でもいいけど、ちょっと変わった物が食べたいなあ」。ニューヨークの街中を白杖頼りにふらふら歩く僕は、かなりの変わり者だったかもしれない。ガチャガチャと食器の音がする店、食べ物のにおいが漂う店に入り、「ここは何料理のレストランですか」と、堂々と尋ねることもよくあった。店員に英語のメニューを読み上げてもらっても、理解できないことが多いので、適当に「上から三番目」などと注文する。何が出てくるのかがわからない料理を待つのも、スリル満点でおもしろい。

もちろん、行きたいレストランの住所を事前にチェックし、タクシーで乗り付けることもある。また、晴眼の友人と歩けば、移動時の苦労はなくなり、安心して食事を楽しむことができる。でも、僕は一人歩きにこだわっている。それは、僕自身の「野生の勘」を鍛えたいからである。近年、ガイドヘルパー（外出支援者）の制度が全国的に利用できるようになった。わざわざ苦労して一人で歩かなくても、介助者の同行を頼めばいいと考える視覚障害者が増えている。たしかに、ヘルパー制度は視覚障害者のＱＯＬを確保する上で重要だろう。

僕も人による手助けを否定するつもりはない。だが、福祉の充実が障害者の野生の勘を鈍化させてしまう面を有するのは残念である。ここ数年、視覚障害者の鉄道駅ホームからの転落事故が相次ぎ、声かけ運動が広がっている。ホームは視覚障害者にとって、もっとも危険な場所であり、「欄干《らんかん》のない橋」とも称される。幸い、僕はホームから転落した経験はないが、ヒヤッとさせられたことは何度かある。晴眼者がホーム上を歩く視覚障害者に注意を払ってくれるのはありがたいし、僕も駅員による誘導サービスを頻繁に依頼している。

一方、駅に流れる「目の不自由な方を見かけたら、声をかけましょう」というアナウンスを聞いて、少し複雑な心境になるのも事実である。障害者は社会的弱者なのだから、その弱さを謙虚に認め、健常者に助けてもらう姿勢は大事だろう。ただ、最終的に自分の身を守るのは自分である。「ホームから転落しないように、しっかり歩行スキルを磨こう」「触角を駆使して、野生の勘で欄干のない橋を渡ってやろう」。こんな意見が当事者から出てこない現状に、僕は危機感を抱いている。

なぜラーメンはうまいのか

さて、それでラーメン屋である。ここ数か月、忙しくて、あまり冒険してないぞ。今日は野生の勘を取り戻すトレーニングをしよう。僕は普段ほとんど降りたことがない地下鉄の駅を出て、先が見えない旅を始めた。僕が頼りとするのは人々の足音である。店を探すのなら、比較的人通りの多い道を歩くのがいい。

司馬遼太郎の小説に『ひとびとの跫音』がある。この作品は正岡子規没後、彼の縁者たちの「普通の人生」を描いている。「足音」ではなく、あえて「跫音」を使っているのが司馬らしい。跫音とは単なる足音であるのみならず、近づいてくる物事の気配を意味している。『ひとびとの跫音』で司馬は子規の人生には直接言及せず、昭和を生きた関係者のライフヒストリーを紹介する。小説は昭和の時代史として展開するが、そこから子規の余韻、明治という時代の雰囲気がいきいきと伝わってくる。

尊敬する司馬の表現を借りると、視覚障害者にとって街は跫音で構成されているともいえる。

僕は足音ではなく、跫音を意識して街を歩く。「この人は急いで歩いているから、用事があるのかな」「あの人はなんだかのんびり歩いているので、散歩だろうか」「このハイヒールの音は若い女性だ」「僕を追い抜いた彼は大股で歩いているから、背が高いのかな」。いくつもの跫音が僕とすれ違う。僕は多彩な跫音に耳を澄まし、目に見えない街を想像する。声をかける際は急いでいる人は避け、なるべくゆっくり歩く人を呼び止める。若い女性が立ち止まってくれると嬉しいが、切羽詰まってくると、そんな余裕はなくなる。

地球は丸い。四回曲がれば、元の場所に帰ってくる。だが、放置自転車をよけたり、路地を斜めに入ったりするうちに、僕は方向を失った。移動距離はたいしたことないが、三〇分以上は徘徊しただろうか。何度か歩行者に声をかけた。「この辺にラーメン屋はありませんか」。運悪く最寄りのラーメン屋が定休日、午後の休憩時間というケースが重なり、僕の迷走（瞑想）は続く。「道を渡った所に牛丼屋ならある」という誘惑に負けず、ここは初志貫徹。僕は一〇分ほど大通りを歩き、ついにラーメン屋を発見、いや発建した。「おまえはなぜ歩くのか」「そこにラーメン屋があるから」。そう自問自答しつつ、僕は店員の案内でラーメン屋のカウンターに着席した。

先が見えぬ全盲者は、ラーメン屋を視覚的に認識することができない。ラーメン屋のドアを開け、ラーメンのにおいを嗅ぐことにより、初めてそこがラーメン屋であると確認する。目の

「風に触れ見えない街を写し取る」

「食う前に湯気に向かってありがとう」

前に、見えないはずのラーメン屋が鮮やかに建ち上がる瞬間を僕は「発建」と呼んでいる。「今日はけっこう歩いたから、ご飯も付けちゃおう」。迷った末に発建したラーメン屋で食べるラーメンの味は格別である。やみくもだけど、やみつきに。このおいしさを体験したくて、僕は今日も一人で街を歩く。

最近、僕は「lack is luck」という自作の標語をあちこちで使用している。英語が苦手な僕は「lack」（不足）と「luck」（幸運）の発音の区別ができない。いや、そもそも不足と幸運はつながっているのではなかろうか。視覚障害者が得る情報は、晴眼者よりも明らかに少ない。でも、少ないからこそ、情報の大切さ、活かし方を知っている。視覚障害者の一人歩きは人生の縮図である。先が見えないから楽しい。思いがけない出会いが人生を豊かにする。まずは、一歩踏み出してみる。自分が歩くことで、何かが始まる。僕はこれからも自己の野生の勘を育てるために、さらにはその野生の勘を社会に発信するために一人歩きを続けたい。だって、ラーメンはうまいんだもん！

2　味と障害

見えないから食う、見えなくても食う

二〇〇一年に発足した「視覚障害者文化を育てる会」（4しょく会）は、活動理念として四つの〝しょく〟（食・色・触・職）を掲げている。「食」は目が見える・見えないに関係なく、ともに楽しめること。「色」はちょっとした工夫により、視覚障害者が親しめる娯楽・趣味の幅を広げること。「触」は視覚障害の独自性、強みを探究・発信すること。「職」はすべての人が役割とやりがいを持って働ける環境を実現すること。4しょく会はこれまでに日本酒の試飲会、テーブルマナー教室など、文字どおり「食」を通じて、障害の有無にこだわらず享受できる「文化」を模索してきた。

4しょく会が四つの〝しょく〟の中で「食」を最初に挙げる姿勢からもわかるように、視覚障害者にとって食べることは重要である。旅行に出ると、その土地の名物を食べることを期待する視覚障害者は多い。景色が見えない分、「食」を追求することになるのだろう。本節では障害、とくに目が見えないことと味の関係について考察してみたい。

ＤＩＤの衝撃

昨今、障害者施策を推進するキーワードとして"nothing about us, without us"（私たちのことを私たち抜きで決めないで）が広く国際的に用いられている。日本でも障害者に関する法律などを決める際、当事者が積極的に発言できる場が設けられるようになった。当事者主権の考えが普及・定着する背景には、大学進学、さまざまな職種への進出など、障害者の自立と社会参加の進展がある。

一九八一年の国際障害者年では、「完全参加と平等」がスローガンとされた。障害者の活躍が顕在化するのは一九八〇年代以降である。こういった流れの中で、一九八八年にドイツで「ダイアログ・イン・ザ・ダーク」（ＤＩＤ）が誕生する。「真っ暗闇のソーシャル・エンターテインメント」とも称されるＤＩＤは世界各地で開催されており、日本でも企業研修などに採り入れる例が増えている。参加者たちは、暗闇の中で視覚を使わない体験を楽しむ。触覚や聴覚を研ぎ澄まし、暗闇を進む彼らを誘導するのは、「アテンド」と呼ばれる視覚障害者である。ＤＩＤは、視覚障害者の新たな就労の可能性を拓く試みとしても注目されている。

ＤＩＤの最後のアクティビティとして、参加者はジュース、ワインなど、自分が好きな飲み物を注文する。ドリンクの色を見ながら飲む普段の味と、見ないで味覚に集中して飲む味は微妙に異なる。この点には個人差があるが、「見ないで飲む」経験でＤＩＤを締め括る演出は、参加者のわくわく感を増幅させるようだ。

ＤＩＤを考案したのはドイツのアンドレアス・ハイネッケ博士である。見えないことを障害ではなく、視覚以外の感覚への気づきを促す装置として活用するＤＩＤは、きわめて斬新だといえる。そして、ハイネッケ氏が健常者であることも看過できない。国際障害者年以降、実力を付けた当事者が社会進出し、その存在を健常者も認めるようになる。障害をプラス思考でとらえるＤＩＤは、一九八九年のベルリンの壁の崩壊にも匹敵するパラダイムシフトとして評価できるだろう。

暗闇レストランの意義

ＤＩＤの発展バージョンとして、ヨーロッパでは暗闇レストランが人気を集めている。二〇一八年、僕は友人とともにロンドンの暗闇レストランで食事した。暗闇に入ると、人間は不安を打ち消すかのように、いつもよりも饒舌となる。相手の見かけに惑わされず、気楽に会話できるのは暗闇の利点だろう。暗闇レストランでは、若いカップルの客が多いと聞いた。給仕をするのは視覚障害者である。飲み物を手渡す際は、客同士が声をかけ合う。コップや皿の位置など、自分が得た情報を他の客に伝えるのも、普段は見られないコミュニケーションである。

肉料理か魚料理かは選べるが、最後まで何を食べているのかは視覚的に確認できない。食事を終えて明るいフロアに出た客はコーヒー・紅茶を飲みながら、暗闇で味わった料理の内容を文字と写真で確かめるのである。暗闇レストランを訪れる人の動機は多様だが、大多数の客が「見ないで食べる」冒険におもしろさを感じているのは間違いない。

僕も、全盲者ならではの「無視覚流ライフ」の豊かさを宣揚するワークショップを企画・実施している。僕のワークショップの導入では、参加者に目隠しをしてフルーツ飴を食べてもらう。人間は赤だからイチゴ、黄色だからレモンなど、無意識のうちに色と味を結び付けて判断している。目隠しをすると味に集中できるはずだが、自分が舐めている飴の味を正確に答えられる人は意外に少ない。この事実は、人間がいい意味でも悪い意味でも、色（見かけ）により先入観を持つことを示している。

刺身の皿に添えられたワサビを掴み、がぶっと一口で食べてしまう。こんな失敗を三回繰り返せば、一人前の視覚障害者だといわれる。たしかに、「食」において見えないことによるマイナスも多いが、それを逆手に取る発想も大切だろう。僕は回転寿司店で手に触れた皿を引き寄せ、事前の情報がないまま、寿司（時にデザート）を食べることがある。また、飲み物の自動販売機で適当にボタンを押し、出てきたジュース（時にコーヒー）をゲーム感覚で楽しんだりもする。視覚障害者にとって、日本料理の盛り付けの美を目で味わえないのは残念だが、見えないゆえの発見があることも健常者に伝えていきたい。暗闇レストランのような大規模な仕掛けを準備しなくても、日常的に「見ないで食べる」実験が気軽に行われるようになれば嬉しい。

3　写真から射真へ

全盲者が撮る写真

全盲の僕は、写真を撮る機会があまりない。過去に刊行した単著・編著では、自身が被写体となっている写真を掲載することが多かった。自撮りならぬ自撮られ写真を多用する僕だが、べつに自分好きというわけではない。触文化の豊かさを伝えるのが拙著の目的なので、僕が美術作品などに触れる写真はそれなりに説得力がある。拙著掲載の自撮られ写真は、年齢とともに変化（劣化）する僕の真の姿を写す記録として大切にすべきだと考えている。

デジカメが流布し始めたころ、自分専用のカメラを購入した。在外研究のため米国に旅立つ直前ということで、アメリカでの異文化体験を写真の形で残したいという思いがあった。失敗したらすぐにデータ削除できるので、僕は気軽に撮影練習に勤しんだ。全盲者にも写真を撮ることができる事実に、素直に興奮した。

最初のころは、なぜか友人の首から上がないなど、「芸術的」な写真が多かった。でも、少し慣れると、コツがわかってくる。僕は被写体が発する声・音、時にはにおいに向かってシャッターを切る。手を伸ばして被写体を掴み取るイメージである。いつしか僕は、自分が撮る写真を「射真《しゃしん》」と呼ぶようになった。受動的に写すのではなく、能動的に射る。本節では、我が射真作品をいくつか紹介してみたい。

心眼とは何か

デジカメ購入後、しばらく僕は写真撮影を楽しんだ。しかし、徐々に写真から離れていく。その理由は二つある。第一に、撮るのはいいが、撮影後の写真を視覚的に確認できないこと。画像データをパソコンに保存すれば、全盲者が独力で撮影場所、日時などを整理できる。でも、パソコンは写真そのものの状況説明はしてくれない。自身の撮った写真の出来は、晴眼の友人・家族に判断してもらうことになる。せっかく撮っても、自分で確かめることができないなら、興味は半減してしまう。

第二の理由は、世間の「心眼」観念への疑問、反発である。近年、各地で視覚障害者の写真展が開催されている。写真を撮ることを楽しむ視覚障害者を否定するつもりはない。僕も、自分の写真が晴眼者に褒められると嬉しい。だが、自力で確認できない写真が作品として展示されることには、やはり抵抗がある。

視覚障害者の写真は、「心眼で撮る」と称される。心眼とは何だろう。ひねくれ者の僕は、「心に眼があるなら、苦労しないよ」と突っ込みを入れたくなる。厳しい言い方をすれば、心眼とは健常者が障害者を美化する際の決まり文句である。多数派の少数派に対する幻想ともいえる。僕の射真は聴覚や嗅覚を駆使して撮るもので、それは心眼などとは無縁だということを強調したい。

写真がない時代

僕が射真という語を使うようになったのは、琵琶法師・瞽女《ごぜ》など、盲目の芸能者との出会いがきっかけである。琵琶法師は音と声で、さまざまな口承文芸を創造した。彼らが視覚を使わずに、口から耳へと伝承してきたのが『平家物語』である。瞽女は三味線を持って全国を旅し、聴衆のリクエストに応じて多彩な唄を披露した。古来、盲人は文字を媒介としない語りの世界に生きていた。

琵琶法師・瞽女が活躍した中世・近世は、写真がない時代である。源平の合戦が終わり数十年過ぎれば、リアルタイムで戦闘を見た人はいなくなる。そんな時、音と声で源平合戦を鮮やかに再現したのが琵琶法師だった。彼らの語りには画像がない。しかし、その語りを聴く中・

近世の民衆は時空を超えて、壮大な歴史絵巻を思い描くことができた。

瞽女は一九七〇年代まで、新潟県下で活動していた。彼女たちは視覚を使わずに、自らの足で各地を歩くことで、目に見えない風景を感じていたのである。瞽女は聴覚・触覚、そして第六感で森羅万象をとらえていたともいえる。彼女たちが身体で獲得する風景の情報が、瞽女唄に独特の色彩を与えたのは間違いない。琵琶法師や瞽女の射真は語り物、唄の形で表現された。視覚優位の現代にあって、彼らが残した芸能は再評価されるべきではなかろうか。

射真展開催をめざして

現在、僕は射真展の企画に取り組んでいる。射真の特徴は次の二つである。まず、「写すのではなく射る」意識を持って、手を伸ばす感覚で事物の本質に迫ること。第二に、目で全体を見るのではなく、手・耳・鼻などで一点に集中すること。多くの人は写真で自己の体験を記録する。写真が有力なメディアであるのは確かだが、現代人の情報収集法があまりにも視覚に偏っていることに僕は疑問と不満を感じる。

琵琶法師や瞽女の芸能は、視覚に依拠しない射真の一例である。しかし、射真は視覚障害者の専売特許ではない。晴眼者も視覚中心の日常を離れ、聴覚や触覚の潜在力を引き出せば、ユニークな射真を創作できる。そこに、心眼などは必要ない。

二〇一九年七月に第一回の射真ワークショップを行った。舞台は滋賀県の信楽《しがらき》。午前中は古い商店街、窯場《かまば》など、信楽のまちあるきを楽しんだ。午後は、参加者各自が得た街の印象を粘土で立体作品にした。写真を撮る際は、自身と被写体の間に距離がある。一方、射真では事物に直接さわることを重視するので、被射体との物理的、精神的な距離がない。街との接触、街からの触発により、どんな作品が生まれるのか。多様な射真作品が集まれば、触れる観光マップができるだろう。さあ、二〇二〇年の射真展開催に向けて、暑い夏がやってきた！

射真 ― まちあるきの記憶を展示する ―

二〇一九年七月一四日、滋賀県の信楽で「射真」ワークショップを開催した。午前中に信楽のまちあるきを楽しむ。午後にはまちあるきで得た各人各様の信楽の印象を粘土で作品にする。本ワークショップには全国各地の博物館関係者など、四六名が参加した。その中には視覚障害者七名も含まれている。まちあるきでは、あえて写真は用いず、触覚的な型取り（フロッタージュ）で信楽を記録することを課題とした。このフロッタージュが午後の作品制作の土台となる。参加者はそれぞれのフロッタージュを加工したり、五感でとらえた街の風景を追加し、オリジナル作品を完成させた。

そもそも、写真とは真実を写すのだろうか。たしかに、人間の記憶を記録・伝達する手段として写真は有効である。昨今はデジカメ、スマホなどの普及により、写真は現代人の生活にとって不可欠なメディアとなった。写真は視覚優位の近代文明のシンボルともいえよう。しかし、人間の記憶は視覚に限定されるものではない。聴覚情報に関しては録音技術が開発されているが、嗅覚・味覚・触覚を記録する方法はないものか。こんな問題意識から、僕は「射真」という概念を提案している。

写真と同様に、近代文明の重要な産物であるミュージアムにおいても、視覚的に「見る／見せる」展示が大前提とされてきた。そんな視覚偏重の博物館のあり方を問い直すのが「ユニバーサル・ミュージアム」運動なのである。「射真」とは、視覚的に撮影・鑑賞される写真をユニバーサル化する試みともいえるだろう。

信楽のまちあるきでは、多くの参加者が登り窯の内壁を型取りしていた。近年の技術革新で登り窯が使われることはなくなったが、古い窯は焼き物とともに歩んできた信楽の歴史、職人たちの思いを感じさせるものである。また、目に見えない世界を想像するという点で、神社もフロッタージュの人気スポットだった。写すのではなく射る、見るのではなく思い描く。こんな原則を共有することにより、今回のまちあるきは視覚以外の感覚への気づきを促す機会となった。

作品完成後、参加者には自作に関するコメントを書いてもらった。以下は僕のコメントシートの抜粋である。ちなみに、僕は登り窯の煤《すす》けた煉瓦《れんが》、神社の石段をフロッタージュした。そして、二つのフロッタージュを実際の道路（地図）に似せた粘土の線で結んだ。我が作品の上には二つの謎のボール（団子）が転がっている。

「カマとカミをつなぐカメ」

なぜ僕は歩くのか。それは、目に見えないカミを感じたいから。なぜ僕はさわるのか。それは、燃え上がる火のような「生命のエネルギー」をとらえたいから。カメは一歩一歩、地を這うように歩む。カメはジグザグ、ヨタヨタ進む。だからカメは、天の上、地の下の目に見えない道を知っている。

二つのボール（団子）は、まちあるきをする際、白杖の先に付けた粘土を丸めたものである。杖はあたかもカメのように、カマとカミをつなぐ道を僕とともに歩み、信楽の生命エネルギーを吸収する。このボール（団子）を握り、作品の上をゆっくり動かせば、きっとあなたは信楽の「目に見えない街」を感じることができるだろう。

「射真」ワークショップは初回としては成功し、ユニークな作品も揃った。これらの作品は、二〇二〇年開催の民博の特別展「ユニバーサル・ミュージアム」（仮称）で展示する予定である。

射真鉄則１：聴覚で被射体の位置・距離を推測する。
「音に触れ今日から僕も撮り鉄に」

射真鉄則２：視覚を離れれば死角がなくなる。
「飛んで行けレンズ覗かず空を追う」

射真鉄則３：空気となって被射体をふわりと包み込む。
「風を受け心に描く初夏の色」

射真鉄則４：目に見えぬ震動、波動を身体で受け止める。
「うまい物大阪人は鼻で食う」

「射真」作品の展示では、来館者が信楽のまちあるきを追体験できるような仕掛けを考えたい。今、信楽の風、地面の凹凸などを思い出しながら、展示への夢を広げている。そういえば、夢も写真には撮れないんだっけ⁉

〔参考〕歩いて、触れて、創る ―「私たちの射真展」実行委員会趣意書―

射真《しゃしん》とは真実を射ること。真実を射るためには、全身の触角（センサー）を駆使して事物に肉薄しなければならない！

一般に、人々は旅行・観光の記録として写真を撮ります。旅の思い出、印象に残った景色を記憶にとどめるための有力かつ手軽なメディアが写真です。しかし、人間の記憶は視覚的なもののばかりではなく、感触、におい、味、音などもあります。写真ではこれら身体感覚で得た情報を十分に記録・記憶することができません。

まちあるきとは人間が触角の潜在力に気づき、その可能性を再認識する機会です。肌で感じる風、足裏がとらえる道の起伏、街に集う住民・旅行者との触れ合い……。写真を撮る際、私たちは被写体となる人物、景色を視覚で確認し、シャッターを切ります。一方、射真ではまず手を伸ばし、被射体にじっくり触れることが大切です。写真では撮影者と被写体の間に距離があるのに対し、射真では手を介して人と物がダイレクトにつながります。「写すのではなく射る」意識を持てば、人間は物理的・精神的に街に近づくことができるはずです。射真は、眼前に広がる雄大な景色を写し取ることはできません。でも、一点を射抜くような鋭さで事物の本質に迫るのが射真の醍醐味といえるでしょう。

まちあるきの後、各自が探り当てた街の形、姿、イメージを三次元の作品にします。二次元の写真とは異なり、射真は手（身体）の動きを伴うので、立体・半立体（レリーフ）表現となるのが特徴です。街の手触りを忠実に再現する作品、目に見えない風景を自由に思い描く想像的な作品……。一人一人の射真作品は小さく、街のごく一部を切り取ったものかもしれません。しかし、各人各様のユニークな射真作品が一〇個、二〇個集まれば、単なる観光マップ（視覚情報を網羅した地図）ではなく、ユニバーサルな触知図ができるでしょう。そして、触知図は私たちの全身の触角を刺激し、新たなまちあるきへといざないます。

第一回の射真ワークショップの舞台は信楽です。午前中は信楽の古い商店街、窯場《かまば》などを巡るまちあるきを楽しみ、午後に陶芸の森にて射真作品の制作に挑戦します。できあがった作品は焼成《しょうせい》し、二〇二〇年秋の国立民族学博物館の特別展で展示する予定です（特別展への出展は希望者のみで、匿名も可）。歩いて、触れて、創る。これが射真の鉄則でしょう。「歩・触・創」は、いずれも人間が社会に働きかける能動的な行為です。あなたが動けば、何かが始まる！　令和時代の幕開けとともに、全国各地で、さまざまな素材を用いて射真ワークショップを開催するつもりです。みなさんのご参加をお待ちします。

〔付録〕「本日のメインイベント」をめざして

二〇〇一年一一月、僕は関西地区の有志とともに「視覚障害者文化を育てる会」（4しょく会）を設立した。4しょく会では毎年、春と秋にイベントを開催している。春は講演会、シンポジウム形式で視覚障害者に関連する諸問題を取り上げる。秋はスポーツ、アートなどをテーマとし、さまざまな野外活動や美術鑑賞・制作に挑戦する。

僕は4しょく会の行事を企画する際、「イベント」という語にこだわっている。小・中学生時代、プロレスファンだった僕は、アントニオ猪木やジャイアント馬場の試合に熱狂していた。画面は見えなくても、レスラーの絶叫、場外乱闘の喧騒を聴くために、テレビにかじりついたものである。プロレスではいわゆる前座の試合が続いた後、セミファイナル、メインイベントが行われる。「本日のメインイベント」に向かって、観客、視聴者の興奮は高まっていく。「今日は

4しょく会の行事、待ちに待ったメインイベントだ！」こんな気持ちを多くの人々に共有していただきたいと願い、僕自身もわくわくしながら、毎回のイベント案内文を書いている。

もう一つ、プロレス中継で僕の記憶に残っているのはバトルロイヤルである。バトルロイヤルでは若手・ベテラン、日本人・外国人、重量級・軽量級など、多数のレスラーが同時にリングに上がり、入り乱れて戦う。最後に勝ち残った選手が優勝者となるが、合従連衡《がっしょうれんこう》を繰り返すレスラー同士の駆け引きがおもしろい。4しょく会イベントでも年齢、障害の有無に関係なく、多種多様な参加者にどんどんリングに上がってほしいと考えている。そして、リング上では本音をぶつけ合い、各自の得意技でイベントを盛り上げてもらいたい。

「この道を行けばどうなるものか、危ぶむなかれ。危ぶめば道はなし。踏み出せばその一足が道となり、その一足が道となる。迷わず行けよ。行けばわかるさ」

これはアントニオ猪木が引退時に発表した詩である。4しょく会発足から、まもなく二〇年。よくやってきたなあと思う一方、まだまだだなとも感じる。4しょく会にとって、メインイベントはもう少し先にあるような気がする。世間一般の障害観の改変をめざす4しょく会の運営では、「一足が道となる」精神で「迷わず行く」ことが大切なのだろう。さあ、どんなメインイベントが待っているのかを楽しみにしつつ、もうしばらく、ワイワイ、ガヤガヤとバトルロイヤルを続けることにしよう。

以下では、ここ数年の４しょく会のイベント案内文、広瀬流バトルロイヤルの記録を紹介する。

点で描く触覚マンガ ― 君はルイ・ブライユを超えられるか !? ―（二〇一七年一一月）

マンガを読んでみたい！　これは視覚障害者にとって永遠の夢です。少年期に親しんでいたマンガが読めなくなり、失明の悲哀を味わったという人も多数おられるでしょう。そもそも、マンガは「読む」要素よりも「見る」要素が強い視覚メディアです。近年、スマホアプリの進化などにより、視覚障害者が副音声解説（音声ガイド）を聴きながら、映画を楽しむことができるようになりました。視覚障害者用のプログラムとして、言葉による絵画鑑賞を試みる美術館も増えています。究極の視覚文化であるマンガは、視覚障害者に残された最大のハードル、「見る」ことができない難物だといえるでしょう。

「マンガの神様」とも称される手塚治虫は、「マンガは読むものではなく、描くものである」と述べています。絵は誰にでも描けるものであり、言葉を超えたコミュニケーションのツールになるというのが手塚の信念なのでしょう。たしかに、マンガはジャンル、国境などの壁を突き抜け、人類共通の知的財産となりました。しかし、手塚が「誰にでも描ける」と主張した時、おそらく彼の念頭に視覚障害者の存在はなかったのではないでしょうか。より積極的に解釈するなら、「誰にでも描ける」という天才の予言を二一世紀の今、まさに実現すべきであると考えることもできます。

一方、ルイ・ブライユは、点で森羅万象を表現する「点字」を考案しました。彼の死後、点字は視覚障害者の文字として世界各国に普及し、現在では点字を応用した点図・触図の技法も開発・蓄積されています。点字や触図は多くの場合、多様な視覚文化を触覚に置き換える有力な手段として用いられているのが現状です。パソコン、デジタル録音図書の汎用化は、視覚障害者に第二、第三の置き換え手段をもたらしました。その結果、「点字離れ」が進行しているともいえるでしょう。点で森羅万象を表すという点字の本義に立ち返るなら、単なる置き換えではない点字独自の価値、触覚メディアとしての可能性を再発見できるはずです。手塚治虫流に言えば、「点字は書くものではなく、描くものである」となるでしょうか。

今回の4しょく会イベントでは、最初にマンガとはどのような要素で構成されているのか、ふきだし、コマなどの意味・効果について学びます。講師は漫画家、縄文イラストレーターのさかいひろこさんです。実際にマンガを描く道具などにもさわらせていただきます。さらに、日本（世界）最古のマンガともいわれる「鳥獣戯画」について、立体フィギュアを用いて解説してもらう予定です。マンガの特徴を理解した後、いよいよ触覚マンガ作りに挑戦します。「点字は文字である」という固定観念を離れ、点を自由に配列し、マンガを描いてみましょう。

触覚マンガ作成は、見常者・視覚障害者のペアで進めます。ユニークな形のふきだしをデザインし、そこに点字をはめこんでみるのもいいでしょう。笑う・泣く・怒るなどを点の組み合わせで記号化するのもおもしろいかもしれません。作品が完成したら、それぞれの力作をさわり比べてみましょう。マンガの神様、点字の考案者もびっくりするような「点で描くマンガ」。見常者たちの「目が点になる」ような触覚マンガ。さあ、視覚障害者発の新たなマンガ文化が始まります！　「自慢する僕の漫画は満点だ」

今、あえて考える按摩の意義
―二一世紀の『盲目物語』は触読者の手から生まれる！―　（二〇一八年六月）

「視覚障害者は触読者である」。このように書くと、多くの方は「触読＝点字」をイメージするのではないでしょうか。しかし、「読む」にはさまざまな意味があります。ここで「読む＝目に見えない言葉を浮かび上がらせること」と定義してみると、「触読」の解釈も変わってくるはずです。『平家物語』を語る琵琶法師、死者のメッセージを伝えるイタコたちは、じつは「読む」職人だったともいえるかもしれません。

そして、按摩《あんま》は「さわって読む」視覚障害者の伝統的な生業です。古来、手当は人間の自然治癒力を引き出す原初的な医療行為として、広く行われてきました。手当の延長、目に見えない体内の様子を触読する技術として発展したのが按摩なのです。日本において、按摩は視覚障害者たちの手によって継承されてきました。視覚障害者は外界を見る目を失った代わりに、内界を探る眼を開いたともいえるでしょう。

按摩の施術では、患者(触れられたい人)が自己の心身を治療者(触れたい人)に委ねます。多くの場合、患者は背中を向け、無防備な状態で治療者に対峙するのです。つまり、患者は治療者を目で見ることができません。ここから、目に見えない言葉をやり取りする治療者と患者のコミュニケーションが始まります。日常生活において弱者とされる視覚障害者が、治療の現場では主導権（手導権）を握る。視覚障害者の適職として按摩が受け継がれてきた背景には、「内界を探る眼」を持つ触読者への信頼感があったのは確かです。癒す手、治す手を介して、治療者と患者の心がつながった時、按摩は大きな効果を生み出します。触れたい人（主体）と触れられたい人（客体）が一体化するのが触れ合いだとすれば、触れ合いの原点は按摩にあるといっても過言ではないでしょう。

近年、盲学校の理療科への進学志望者が激減しています。東洋医学を学ぶ見常者の数が増加し、もはや按摩・鍼・灸は視覚障害者の専業とはいえない状況です。視覚障害者の職業選択の幅が広がり、多様な分野で活躍する全盲・弱視者が増えていることは、時代の進歩として歓迎すべきだと考えます。一方、按摩に代表されるような触読者ならではの仕事、視覚障害者の特性を活かす進路が、当事者から顧みられなくなった現状は、やはり悲しむべきではないでしょうか。

今回のイベントでは「触読」をキーワードとして、按摩の過去を振り返り、今後を展望します。按摩の実態に触れ、未来を読み解くイベントになれば幸いです。まず最初に、台湾の「盲人按摩」について実地調査を続けておられる木村自さん（立教大学）に講演していただきます。台湾の歴史、現在を知ることで、日本における視覚障害者と按摩の関係を多角的にとらえ直すヒントが得られるでしょう。ついで、盲学校教員、ヘルスキーパー、治療院経営者の三名に、それぞれの立場で按摩・三療の魅力、同業者や後輩に対する思いなどを率直かつ自由に発表してもらいます。按摩・鍼・灸業を視覚障害者の伝統的な職業として守り伝えていくためには、何が必要なのか。簡単に結論が出る話ではありませんが、フロアの参加者も交え議論できればと願っています。

かつて谷崎潤一郎は盲目の按摩師の語りにより、手触りに基づく戦国時代の裏面史を鮮やかに描きました。按摩を通じて、たくさんの人々の心に触れ、触れ合いの絆を築いてきた視覚障害者は、きっと二一世紀の『盲目物語』を書くことができるはずです。さあ、文豪・谷崎をうならせるような視覚障害者の「触読力」を4しょく会から創造・発信しましょう。「もみほぐす世界平和はこの手から」

読み聞かせから触れ聞かせへ ― 「飛び出す」想像力を育てるために ―（二〇一八年一一月）

「大きいものは小さく、小さいものは大きく」。これは視覚障害教育において触察教材を作る際の大原則です。実物に触れることができない場合、僕たちはさまざまな触図、ミニチュア模型などを通じて「世界」を理解しています。触察教材はさわりやすいサイズに調整するのが一般的です。点図やミニチュアによって入手できる情報は、見常者が得る視覚情報に比べると少ないかもしれません。この不足を補うのが視覚障害者の想像力なのです。誤解を恐れずに言うなら、調整されたサイズではなく、「大きいものをさらに大きく、小さいものをさらに小さく」とらえる想像力こそが、視覚障害者の強みなのではないでしょうか。

近年、絵本の読み聞かせが各地で行われています。読み聞かせは親子のコミュニケーションであると同時に、子どもの想像力を育成する有力な手段です。しかし、そもそも読み聞かせとは絵本を読む、聞かせる側、すなわち大人の立場から使用される言葉だといえます。絵本を読まれる、聞かされる子どもの心の中で、どんな反応が起きているのか、読み聞かせという語では明示することができません。少し辛辣な表現になりますが、前述の「大きいものを小さく、小さいものを大きく」は読み聞かせ同様、教材を作る側、見常者の視点で推奨される原則です。この発想で理解できるのは、目に見える「世界」だけだというのは言い過ぎでしょうか。

今回の4しょく会イベントでは視覚障害者の想像力を媒介とし、読み聞かせに代わる新概念として触れ聞かせを提案します。全体を触察できない大きな物にさわる。触覚で獲得した部分的な情報を元に全体を思い描く。これが、目に見えない「世界」を想像するプロセスです。触れ聞かせとは、まず物に能動的に触れること、そして触覚情報を自分の心に聞かせる（入れ込む）ことと定義できるでしょう。触れるという外に向かう手と、聞かせるという内に向かう手が融合した時、新たな想像力の扉が開きます。読み聞かせとは異なり、触れ聞かせの主体は子ども、視覚障害者なのです。

今回のイベントでは、最初に国立民族学博物館の展示見学・触学を楽しみます。MMP（みんぱくミュージアムパートナーズ）の方々に、「全体をさわれない大きな展示物」を中心に案内していただく予定です。展示物に触れ、物が発するメッセージを心に聞かせる（入れ込む）。イベント前半の触れ聞かせでは、目に見えない「世界」を自由に旅してみましょう。

イベント後半では、参加者各自がオリジナルのトーテムポール作りに挑戦します。講師は、ポップアップ（飛び出す）絵本の制作などを専門とするデザイナー・桑田知明さんです。民博の展示場には巨大なトーテムポールがあります。でも、触れることができるのは下の部分のみです。触れ聞かせのテクニックを用いて、トーテムポールの全体像をデザインしてみましょう。各参加者の想像力によって生まれるトーテムポールは、飛び出す絵本（カード）の形に仕上げます。紙製のカードを開くと、ユニークなトーテムポールとともに、各人各様の「世界」が飛び出すはずです。

目に見えない「世界」を想像するおもしろさを熟知しているのは視覚障害者でしょう。このおもしろさを見常者たちに伝えるために、触れ聞かせの文化を4しょく会から発信したいと思います。さあ、視覚障害者よ、ポップアップ！「入れ込んだ僕の世界が飛び出した」

あいまいな日本の弱視　―　〝にくい〟やつらの「渉外者宣言」　―　（二〇一九年六月）

「見えない」ことを強みに変えよう。「見えない」からこそできることを探そう。視覚障害者の世界で、こういったスローガンを耳にすることはよくあります。4しょく会も四つの〝じょく〟（食・色・触・職）を切り口とし、「視覚障害者文化」を積極的に発信してきました。しかし、「見えにくい」を強みに、「見えにくい」からこそできるという発想は、従来の当事者運動の中にはなかったのではないでしょうか。４しょく会が「視覚障害者文化」を宣揚する際も、念頭に置いていたのは全盲であることを認めなければなりません。

かつて盲学校では「準盲」「半盲」という語が当たり前に使われていました。昨今は「盲＝差別語」という認識が流布し、目が「見えにくい」状態は弱視、ロービジョンと称されるのが一般的です。「準盲」「半盲」の基準は「盲」（見えないこと）にあります。一方、弱視、ロービジョンとは晴眼者（見える人）に対して「弱」であり、「ロー」だという意味です。弱視、ロービジョンという言葉の普及と相まって、「見えにくい」人々は「見える」社会に歩み寄ることで進学・就労の可能性を切り開いてきました。補助具等の活用を通じて、「見えにくい」不自由を解消し、どうにかこうにか「見える」仲間に加わる。これが弱視者のライフスタイルだといっても過言ではないでしょう。

社会の多数派である晴眼者の中で生活する場合、「見えにくい」ことを過度に強調すれば、コミュニケーションが難しくなります。近年、弱視の当事者団体の活動が目立つようになりましたが、多くのケースでは「見えにくい」不便さを知ってもらおう、自分の目の見え方をきちんと伝えて理解を得ようという啓発的なレベルにとどまっているのが現状です。「見えにくい」をプラス思考でとらえ、新しい人間観を構築することができれば、弱視者の活躍の幅はもっと広がるのではないでしょうか。

大江健三郎は一九九四年のノーベル賞受賞に当たって、「あいまいな日本の私」と題する記念講演を行いました。この講演で大江は、西洋と東洋、近代化と伝統という両義性に引き裂かれた二〇世紀の日本の「あいまいな」歴史を鋭く分析しています。そして、「世界文学は日本文学たりうるか」という問いに真摯に向き合ってきた自己の文学を総括するのです。

「あいまい」には中途半端・どっちつかずなど、負の側面もありますが、柔軟性・包容力など、ポジティブに評価できる要素も含まれています。「見える」と「見えない」の間を行き来する弱視者は「あいまいな」存在だといえるのではないでしょうか。二者択一、白か黒かをはっきり決めるのが近代文明（二〇世紀的な価値観）だとするなら、文字どおりグレーゾーン、玉虫色の世界を生きる弱視者は、二一世紀の日本においてユニークな視点・視座を提示できるはずです。4しょく会では、「見える」文化と「見えない」文化を自由に往還し、両者の長所をうまく引き出す弱視者を「渉外者」（外部と交渉する人）と呼ぶことにします。日本文化のあいまいさを体現する弱視者が「渉外者」となって「視覚障害者文化」に厚みを与える。これが4しょく会の新たな目標です。

今回のイベントでは、まず弱視の当事者として視覚障害者の情報・文化の拠点作り、環境整備に長年尽力されてきた川越利信氏にご講演いただきます。日本ライトハウス盲人情報文化センター、全国視覚障害者情報提供施設協会、ＪＢＳ日本福祉放送の設立など、川越さん自身のお仕事を振り返ってもらいつつ、若い世代への熱いメッセージをいただく貴重な機会となるでしょう。

基調講演の後は、弱視の当事者による座談会、本音トークが続きます。職場、日常生活におけるエピソードを中心に、各人各様の「渉外者」ライフの楽しみ方を披露していただく予定です。さあ、〝にくい〟やつらが全盲偏重の「視覚障害者文化」に殴りこむ。「見える／見えない」だけじゃ、世の中おもしろくない！　あいまいさを活かす「渉外者」の役割をみんなでじっくり議論しましょう。「目分量十人十色の料理法」

第Ⅱ部　博物館

―触文化研究の現場―

第4章　多様な「from」を育む博物館

―日本ミュージアム・マネージメント学会大会での基調講演（二〇一七年六月）から―

1　「触文化」とは何か

みなさん、こんにちは。今日は基調講演の機会をいただき、たいへん感謝しております。先ほど実行委員長からもお話がありましたが、文化を創造するのがミュージアムの重要な役割です。これは、今回の大会テーマでもあります。僕は民博、国立民族学博物館で仕事をするようになって一八年目です。それ以前は、とくに博物館のことを勉強したわけでもないし、博物館で働こうと思っていたわけでもありません。お恥ずかしい話ですけれども、学生時代は博物館学、学芸員の資格取得の勉強もしておりませんでした。たまたま就職先が博物館ということで、民博に着任してから、あらためてミュージアムについて考えるようになりました。

今日は「触文化」の話をしますが、世間で「しょくぶんか」といえば、まだまだ食べる方が一般的です。どんなに食べるのが好きな人でも、せいぜい一日に四回か五回食べる程度だと思います。いちばん食欲があった高校時代、僕は朝昼晩に加え、おやつと夜食を食べていましたが、それでも五回です。一方、さわる方は、空気が顔に触れるとか、肌がいろんな事物を感じるなど、身体にリンクしています。文字どおり二四時間、三六五日、人間は何かに触れているわけです。そう考えると、当然ながら食べる文化より、さわる文化の方が人間にとって身近で、なじみ深いはずです。二〇二〇年ごろには「しょくぶんか」と聞けば、みんなが触文化をイメージするようになってほしいなと願っております。

じつは、僕が触文化を提唱するようになったのは、民博就職後です。触文化とは、博物館について考える中で生まれてきた新概念だといえます。本日のテーマに引き付けて述べると、ミュージアムが触文化を創造したということになるでしょうか。触文化はまだ発展途上の概念なので、今日は現在進行形の実践報告をしたいと思います。

本論に入る前に、もう少し僕の自己紹介をします。僕は中学一年生の時に完全に目が見えなくなりました。そして、東京の盲学校に六年間通いました。個人的な話で恐縮ですが、盲学校時代、本日の会場である東京家政学院大学の最寄りの市ケ谷駅で、いつも僕は電車を乗り替えていました。六年間、盲学校で勉強し、関西の大学に進学します。市ケ谷駅で電車を降りるのは何十年ぶりでしょうか。この二十年〜三十年の間に、ずいぶん日本社会は変わったなと、市ケ谷に向かう電車の中で中高時代を思い出して、感慨にふけっていました。僕が盲学校の中学部に通い始めたのは一九八〇年代初頭です。そのころは、東京の鉄道駅でも誘導・警告用のタイル、いわゆる点字ブロックが敷設されていないホームがたくさんありました。自宅の最寄り駅でも、点字ブロックがありませんでした。

今日、ＪＲに乗車していると、たまたま何組かの障害者に出会いました。駅員が車いす利用の肢体不自由者、白杖歩行の視覚障害者を誘導・案内しているのです。駅員は乗客へのサービスの一環で、ごく自然に障害者をサポートしています。僕も出張で全国各地を訪問するのですが、駅員が親切なので、安心して一人で出かけることができます。一九八〇年代には、駅員に堂々とサポートを依頼するなんて、考えられないことでした。僕が盲学校に通っていた当時、介助者は自力で探し、駅員に「迷惑」をかけないのが当たり前とされていました。

こんな雑談をしていたら、昔話だけで講演が終わってしまうので、そろそろ本題に入ることにしましょう。僕が講演する際、パワーポイントは使いません。自分が視覚障害者だということもあり、「見せる」のではなく、「聴かせる」講演にこだわっています。配布資料を適宜参照しつつ、僕の喋りに「注耳」してください。先ほど申し上げたように、基調講演とはいうものの、まだ僕自身、発展途上の研究者です。本日は、基本的に自分が取り組んでいる最近の活動を紹介し、そこから後半のパネルディスカッションにつながるような話題を一つか二つ提供できればと願っています。

2　障害者芸術祭の体感展示

まず、二〇一七年一一月に奈良県で開催された展覧会、イベントの紹介から始めましょう。みなさんは国民文化祭、障害者芸術・文化祭という行事をご存知ですか。国民体育大会、国体はスポーツの祭典で、テレビなどでも取り上げられるメジャーなイベントです。国民文化祭はその文化版で、各県が毎年、持ち回りで担当しています。二〇一六年が愛知県、一七年が奈良、そして一八年は大分という順番になっています。

二〇一七年の九月から一一月にかけて、音楽・文芸・アートなど、国民文化祭関連のさまざまな行事が奈良県内で実施されました。これまでは、国民文化祭の後に障害者芸術・文化祭が開かれていました。主に知的・精神障害の当事者たちが制作する作品、いわゆる「障害者アート」を収集・展示するのが障害者芸術・文化祭の目的です。国民文化祭と障害者芸術祭の位置づけは、オリンピックとパラリンピックの関係に似ています。昨今、二〇二〇年のオリンピック・パラリンピックを意識した活動が多方面で展開しています。僕たち障害当事者にとって嬉しいのは、パラリンピックの社会的認知度が高まっていることです。「オリパラ」などと称して、オリンピック・パラリンピックがセットで報道されるようになりました。

従来、パラリンピックは福祉、リハビリの文脈でとらえられてきましたが、ようやくスポーツとしての市民権を得たともいえます。これは先ほどの鉄道駅のエピソードと同様に、社会の成熟として評価できるでしょう。しかし、冷静に考えてみると、オリンピックという大きなお祭があって、その後に障害者による小規模のお祭が続く。言い方はきついけれど、パラリンピックは「後の祭」なのです。

理想を言えば、一〇〇メートル競走で世界のトップランナーが走った後に、次は車いすの部です、次は視覚障害の部ですというように、多種多様な特性を持つ選手たちが一〇〇メートル走に挑む。そうなると、競技会としてもおもしろいし、真の意味で「ユニバーサル」を体現できると思います。でも、国際大会の組織運営上、オリンピックとパラリンピックを同時開催するのは、現実的には不可能です。

国民文化祭、障害者芸術祭は日本国内のイベントなので、二〇一七年の奈良大会から同時開催・一体開催が試みられることになりました。この試みは画期的で、やはり僕たち障害当事者にとっては喜ばしいことです。これまで「障害」に直接関心がなかった人が、たまたま訪れた会場で「障害」を知る。国民文化祭が「障害」理解を広げ深める有意義な場として定着することを期待します。奈良の取り組みが成功したので、同じ形で各県が国民文化祭、障害者芸術祭を同時開催していくことになります。ですから、奈良での実験はきわめて重要だったといえるでしょう。

二〇一七年二月には本番前のプレイベントとして、展覧会が行われました。国民文化祭と障害者芸術祭の同時開催が決まりましたが、それでは具体的に何をすればいいのか。何をすれば同時開催の意義をアピールできるのか。前例がないので、正直なところ、奈良県庁の担当者も暗中模索状態でした。二〇一六年の初夏、奈良県庁の方々が僕を訪ねてこられました。障害当事者として、博物館で仕事をする僕に、イベントの相談が舞い込んだわけです。いろいろ話し合う中で、少しずつイベントの方向性が固まってきました。

さわるとはユニバーサルな（誰もが楽しめる）文化であると、僕は考えています。目が見える・見えないに関係なく、触覚は万人が保持しています。手が使えなくても、身体の他の部分で物に触れることができます。日本語が十分理解できない外国人も、さわる展覧会なら楽しめるでしょう。現在の博物館は社会教育、生涯学習の拠点なので、展示解説やキャプションは知的障害者にはアクセスしにくいものです。でも、さわる展示なら知的障害者の感性に訴えることもできます。障害の有無に関係なく、みんなが楽しめるイベントは、さわる展覧会である！　奈良県庁の方々の賛同を得て、僕たちは国民文化祭、障害者芸術祭の同時開催を祝う象徴的なイベントとして、「さわる」を中心に、体感展示を企画することになりました。

二〇一七年二月に奈良県文化会館を会場として、「さわって楽しむ体感展示」を開催しました。プレイベントなので、会期は一〇日間ほどでした。僕は個々人の多様性を尊重したいので、県民性という発想はあまり好きではありません。しかし、奈良県の人はなんとなくおとなしくて、奥ゆかしい印象があります。今日、会場に奈良県出身の方がいらっしゃったら、ちょっと申し訳ないですが、展示の広報が上品というか、下手だなあと感じることが何度もありました。プレイベントの開催が県民に十分伝わらなかったのは残念です。

会期中に雪が降ったりして、天候はよくなかったのですが、それでも公的発表では来場者一〇〇〇人でした。実際の来場者数は九九六人だったのですが、最終日の閉館間近に県庁の方が会場の出入口を四往復し、「これで一〇〇〇人ということにしましょう」となりました。県庁職員は律儀ですね。プレイベント一〇日間で一〇〇〇人というのは悪い数字ではないし、来場者のアンケートも好評でした。プレイベントの趣旨を継承し、秋の本番では体感展示をさらに充実させて実施しようという方針が決定したのです。

「さわって楽しむ体感展示」を企画・実施するに当たって、県庁の方々とさまざまな議論をしました。「さわって楽しむ体感展示」というタイトルでは一般受けしない。そもそも、「さわって楽しむ」と言われても、何にさわることができるのかわからない。ほんとうは副題で「〇〇にさわろう」「××を体感」などというフレーズを入れたかったのですが、じつはぎりぎりまでどんな展示物を並べるのか、決まっていませんでした。副題を入れたくても、入れることができない事情があったわけです。

本番を盛り上げるためのプレイベントですから、来場者数が少ないのは困ります。できれば、

「障害」に関心がない方に気楽に会場に来ていただきたいというのが、体感展示本来の狙いです。そこで、会場入口で何か目立つ映像を流しましょうということになりました。この点については、今でも多少の自己矛盾を感じています。先述したように、僕は自分の講演などでは映像を使わないことにこだわっています。それに、「視覚以外の感覚で楽しもう」という展覧会の入口で映像を流すのは、やはり「看板に偽りあり」ですね。とはいえ、映像が客寄せとなり、会場の中でじっくりさわる体験をしてもらえればいいのかなと、気持ちを切り替えました。

さて、それで映像です。ほんとうは、有名な女優さんに出演していただき、奈良の街を歩きながら、いろいろな物にさわるプロモーションビデオがいいのですが、なにせお金がありません。県庁の方はさすがに「仕方ない」とは言いませんでしたが、「広瀬がいい」ではなく、「広瀬でいい」という雰囲気で、僕が出演（？）することになったのです。プレイベントの会期中、会場入口で僕の映像がエンドレスで流れているのは、なんだか不思議な気分でした。

結論から言うと、この映像の効果はほとんどありませんでした。僕の友人も多数、体感展示に来てくれました。展示そのものについては「おもしろかった」という声が多かったのですが、入口の映像に気づく人はごく少数でした。少々がっかりしたのは事実ですが、会場内の展示の満足度は高かったので、安心しています。直接的な効果はあまりなかったものの、さわる行為、さわり方のポイントを映像として示すというのは斬新な試みであり、僕のユニバーサル・ミュージアム活動にとっても一歩前進といえそうです。

３「見識」と「触識」

民博着任後、僕は各地でさわる展示、ワークショップを行なっています。ワークショップの場合は、多種多様な民族資料を回覧しながら、「このようにしてさわってください」と説明します。僕の説明を聴いてから参加者がさわるので、触察の意義を比較的容易に伝えることができます。一方、展覧会では「さわるマナー」を伝えるのが一苦労です。

二〇一二年に民博の常設展示として、「世界をさわる」コーナーが設置されました。このコーナーに立ち寄る来館者の反応は両極端の二パターンに分かれます。一つは小学生の団体客です。一人一人はいい子でも、子どもが集団化すると狂暴になります。「さわってもいい→遊んでもいい→壊してもいい」。小学生が資料を乱暴に扱ったことにより、破損事故が何度か起きています。もちろん、僕たちも破損・汚損の危険を考慮し、耐久性に優れた資料を選定・展示していますが、こちらの予想を上回る激しさ、強さで資料に接する来館者がいるのが現実です。「自由にさわってください」というスタンスで、露出展示をするだけでは、「さわるマナー」を普及していくことはできません。

もう一つ、「世界をさわる」コーナーを訪れる来館者の特徴的な反応があります。それは、少なからぬ大人たちがさわろうとしないということです。おもしろそうな展示資料を並べて、「どうぞさわってください」というしつらえにしているのに、大人は「ああ、動物の彫像があるね」と呟き、チラッと見るだけで通り過ぎていきます。もったいない話ですね。博物館・美術館は見学する場所であり、さわってはいけないという「常識」が刷り込まれているのでしょう。

さわる展示、ハンズオン（手で触れて実感する学習法）を実践しても、来館者は意外とさわらない、もしくはさわりすぎて資料を壊してしまう。どのようにさわるのか、なぜさわるのか。さらには、さわらなければわからないことがある。僕は「触文化」という言葉を用いて、さわる世界の豊かさ、奥深さについて書いたり、喋ったりしています。しかし、それだけではまだ不十分です。触文化を映像として表現し、不特定多数の人に見てもらうのは、「さわるマナー」の周知という点で有効かなと感じています。

残念ながら奈良のプレイベントのアンケートでは、触文化のプロモーション映像に対するコメントがまったくありませんでした。プロモーションの効果はなかったとしても、DVDの形で映像を残すことができたので、他の場所でも利用できるのが嬉しいです。

今日は、みなさんに映像を見ていただきましょう。映像は三分程度です（「仏像触察映像」https://youtu.be/rifkU9obBY8）。

ＤＶＤの中で僕がさわっているのは、国宝の「興福寺仏頭」です。歴史の教科書でもよく取り上げられる有名な仏頭で、以前は「山田寺仏頭」と称されていました。白鳳時代を代表する仏像彫刻で、現在は興福寺が所蔵しています。僕がさわっているのは模造品ではありますが、形や色はもちろん、素材にもこだわった精巧なレプリカです。国宝なので、普段は写真を見るだけで、実物に間近で接する機会はありません。宝物館に行っても、遠くから眺めるのみです。

今回はレプリカとはいえ、自分が息を吹きかければ届く距離に仏頭があり、手を伸ばせばさわることもできます。国宝を体感できる展示は貴重です。展覧会を取り上げた新聞記事でも、この仏頭レプリカにさわる写真が掲載されています。国宝に触れる体験が来館者にインパクトを与えたのは間違いありません。

お配りしたレジュメには、「〝手〟は〝頭〟と〝体〟を結びつける（国宝レプリカの手触りが、単なる知識を『触識』に変換する）」と書いています。この「触識」という言葉は僕の造語です。世間一般では「見識」という語が用いられています。「見識」の背後には、知識・常識は見ることによって獲得されるという考えがあります。しかし、さわることによって獲得される知識・常識もあるはずです。

映像でも解説していましたが、僕が仏頭レプリカにさわった際、いちばん印象に残ったのは左の耳です。耳の下の部分が欠けていましたね。耳が欠けていることは、目でも確認できます。

僕は、欠けた耳を視覚的に確かめることはできないわけですが、耳のギザギザの断面に触れた瞬間、「痛い！」と感じました。まさに、実感、痛感です。欠けた耳にさわったことにより、仏頭に対する敬愛の念が身体の内部から湧き出てきたような気がします。仏頭の左耳にさわった感覚は鮮明に記憶していますし、手を通じて、自分の身体と仏像がつながったような意識を持つこともできました。見るだけでは得られない意識・認識が「触識」だともいえるでしょう。国宝レプリカは、来場者が「触識」を身につけるための最高の展示物でした。

僕がさわることを強調すると、どうしても視覚障害者とは見る代わりに触覚によって情報を得るのだと受け取られて、それだけで終わってしまいます。博物館のバリアフリー、視覚障害者対応として、さわる展示を増やすことも大切でしょう。でも、僕が重視しているのはユニバーサルの観点です。みんながさわる、誰もが楽しめる。「さわって楽しむ体感展示」は、国民文化祭、障害者芸術祭の同時開催の意義を象徴するユニバーサルな企画だったと、僕は自負しています。

レジュメには、「バリアフリー、弱者支援との違い（視覚障害者が楽しめる ↓ 視覚以外の感覚を活用する ↓ 視覚偏重の現代社会のあり方を問い直す）」とあります。僕が民博に就職後、最初に取り組んだのは点字パンフレットの作成、広報誌の音訳版発行です。これらはバリアフリー的な事業といえます。次に、企画展の担当者となって、視覚障害者が楽しめる展覧会を具体化していくプロセスで、新たな気づきがありました。

視覚以外の感覚、触覚・嗅覚・聴覚で楽しめる展示は、視覚障害者にとって親しみやすいものです。といっても、それは視覚障害者専用ではありません。日常生活で視覚に頼って暮らしている健常者にこそ、視覚以外の感覚の可能性を知ってほしい。こんな発想からユニバーサル・ミュージアムが生まれました。ユニバーサル・ミュージアムにはゴールがなく、発展し続けることにより社会を変えていくのが理想です。

4　さわる展示の深化

僕の講演は雑談が多くて、いつも後半が駆け足になります。レジュメの最初の所でだいぶもたもたしたので、慌てずに、少しだけ急いで、次の話題に移ることにしましょう。「さわる」をキーワードとして、ユニバーサル・ミュージアムの実践的研究に取り組んできましたが、ここでは最新の成果、ユニークな展示の事例を報告します。二〇一六年の七月～一一月に兵庫県立美術館で、彫刻作品にさわる展覧会を企画・実施しました。

展覧会の話に入る前に、日本におけるユニバーサル・ミュージアムの歴史について簡単に説明しましょう。まず、この場を借りて日本ミュージアム・マネージメント学会にお礼を申し上げます。僕はこれまでに三回、ユニバーサル・ミュージアムをテーマとする公開シンポジウムを民博で行なっています。最初が二〇〇六年、次が二〇一一年、いちばん最近が二〇一五年です。

二〇〇六年は米国からゲストを招聘し、国際シンポジウムを開催しました。僕にとって、大きなシンポジウムをオーガナイズするのは初めての経験です。ノウハウがわからないし、どうやって人集めをすればいいのか、不安だらけでした。先輩のアドバイスで日本ミュージアム・マネージメント学会に後援をお願いすることになり、学会の会報等にシンポジウムのチラシを入れてもらいました。これは効果大で、学会会員の方がたくさん参加申し込みをしてくれました。

同様に、二〇一一年、二〇一五年のシンポの際も本学会に後援をお願いしています。依頼するばかりで、何も恩返しができていないのに、今日は学会の大会にお招きいただき、なんとも心苦しいです。本学会の協力もあり、三回のシンポジウムは成功し、成果として書籍も刊行することができました。四回目のシンポジウムがいつになるのか、まだわかりませんが、二〇二〇年のオリンピック・パラリンピックに便乗して、何か企画したいなと、漠然と考えています。単純にオリパラのブームに乗っかるのではなく、「ユニバーサル」を一過性の社会現象で終わらせないためにも、「地に足の着いた」シンポを立案したいものです。

過去三回のシンポジウムの内容を振り返ってみると、ユニバーサル・ミュージアムの流れがよくわかります。二〇〇六年に最初のシンポジウムを開いた時は、まだ日本にユニバーサル・

ミュージアムの概念が定着していませんでした。「誰もが楽しめる博物館」と聞いて、それを否定する人はいませんが、具体的に「ユニバーサル」とは何なのか、明確に答えることができる人はごくわずかでした。

レジュメには「欧米の先進事例に学ぶ」と書いています。このシンポジウムでは、ニューヨークのメトロポリタン美術館の教育普及担当者（アクセス・コーディネーター）に来ていただき、米国のミュージアムにおけるソーシャル・インクルージョンの実践、障害者を対象とする各種プログラムの概要について話してもらいました。アメリカの先駆的な取り組みに刺激され、さあ日本でもこれからいっしょに頑張っていこうという雰囲気作りをするのが、初回シンポの主眼だったと思います。

それから五年が経過しました。二〇一一年のシンポについて、レジュメでは「考古系・自然史系の博物館が運動をリード」と書いています。二〇一一年段階では、国内のミュージアムで多様な実践をする事例が増えており、日本人のみの発表で全パネルを組むことができました。このシンポジウムでは、国内のネットワーク作りを第一の目標としました。

現在も基本的に同じ状況ですが、各館では熱心な学芸員、やる気のあるスタッフが個人的にユニバーサル・ミュージアム活動に取り組んでいます。館内で孤軍奮闘する「点」を集め、「線」にして「面」にしよう。こんなシンポの趣旨に共感し、たくさんの博物館関係者が全国から参加してくれました。本シンポの成果報告書として、二〇一二年に『さわって楽しむ博物館――ユニバーサル・ミュージアムの可能性』を出版しました。本書の刊行により、さわる展示や障害者対応に関心を持つ人々のゆるやかなネットワークを構築することができたかなと感じています。

自然史系・考古系の博物館では、「ユニバーサル」という言葉が使われる以前から、さわる展示の蓄積がありました。一部の自然史系博物館では、一九八〇年代から主に子どもの来館者をターゲットとするハンズオン展示を導入し、化石や隕石、骨格標本などにさわることを推奨してきました。考古学の研究者は発掘調査で「手」を使用することが多いので、考古系の博物館でも縄文土器と弥生土器の触感を比べるなど、触察を重視する展示が開発されています。

ただし、こういったハンズオンコーナーの運営実態を調べてみると、資料保存、さわる体験の積極的な位置づけなどの面で、さまざまな問題があることがわかります。民博の「世界をさわる」コーナーの反省点でもありますが、多くのさわる展示は露出展示をするだけで、資料の取り扱いは来館者に委ねられているのです。資料の破損が頻繁なので、さわる展示にはいわゆる消耗品しか使わないというケースも珍しくありません。自由にさわるというのはすばらしいことですが、その自由には節度が必須でしょう。節度を誰が、どのようにして示すのかが「ユニバーサル」の眼目ともいえます。二〇一一年のシンポでは、さわる展示の現状と課題を整理することができました。

それからさらに四年が経過し、二〇一五年に三回目のシンポジウムを開きます。今回の特徴は「美術館への広がり」です。従来のユニバーサル・ミュージアム運動は考古系・自然史系など、博物館がリードしてきました。美術館でも彫刻作品などの立体物にさわる取り組みは早くから試みられていましたが、絵画はさわることができません。絵画の展示を中心とする美術館は、「見る／見せる」鑑賞のあり方を長年追求してきました。美術館は、ユニバーサル・ミュージアムの活動に入ってきにくい状況があったのです。

二〇一五年のシンポジウムでは、美術館関係でセッションを一つ作りました。美術館は視覚優位・視覚偏重の文化施設です。もちろん、視覚的に味わう美を探究するのが美術館のミッションですが、あまりに視覚に頼りすぎていると、見えなくなるもの、限界があります。二次元作品をどうやって視覚以外の感覚で鑑賞するのか。この問いかけは、単なる視覚障害者対応というレベルにとどまらず、美術館そのものの原理原則を再検討する反近代・脱近代のパラダイムシフトへとつながります。

シンポジウムではさわる図録、さわるアートカードなどを試作している美術館の実践が発表されました。このシンポジウムの報告書は、二〇一六年に『ひとが優しい博物館 ― ユニバーサル・ミュージアムの新展開』という書籍となって出版されました。二〇二一年の「可能性」

から、二〇一六年の「新展開」へ。近年は「ユニバーサル」を志向する新たな流れが美術館にも波及し、日本のミュージアムが確実に変化している手応えを感じています。

5 「無視覚流鑑賞」とは何か

以上のような全体的な流れを踏まえて、僕が現在、どんな試行錯誤をしているのかについてご紹介しましょう。二〇一六年に担当した兵庫県立美術館の企画展「つなぐ×つつむ×つかむ―無視覚流鑑賞の極意」の話をします。この企画展はちょっと意地悪な展覧会で、来場者は受付でアイマスクを渡され、目隠し状態で会場に入ります。

会場内にはブロンズ製の彫刻作品が三つ展示されています。来場者は順番に一つずつ作品にさわっていくのです。いきなり、目の前（手の前）に作品があるので、「自由にさわってください」と言われても、どのようにしてさわればいいのか、来場者はよくわかりません。そこで、音声ガイドが登場します。レジュメには「視覚障害者が彫刻作品を触察する『生の声』を音声ガイドとして用いる」と書きました。この展覧会の最大の特徴は、視覚障害者発の音声ガイドの製作です。無視覚流の音声ガイドは「広瀬でいい」よりは多少積極的で、「広瀬（視覚障害者）が自作自演する」所に意義がありました。

視覚障害者は日常的に触覚をフル活用しつつ生活しています。彫刻作品などを含め、立体物をさわって学ぶ、さわって楽しむことにも慣れています。でも、やみくもに僕が彫刻にさわり、その印象をつぶやいているだけでは音声ガイドにはなりません。音声ガイドの内容をブラッシュアップする過程で、美術館の学芸員とも議論を重ね、僕たちは「つなぐ」「つつむ」「つかむ」という三つのキーワードを選びました。この三つのキーワードに即して、触察を進めていくスタイルで音声ガイドを練り上げました。

一つ一つの作品について、どのようにさわれば、どんなことがわかるのか、じっくり解説しました。ですから、音声ガイドは一作品につき七分半ほどあります。七分半と聞けば、みなさんは「いくら何でも長すぎる」「広瀬はずうずうしく、べらべら喋ったのだろう」と思われるでしょう。それは半分当たっているかもしれませんが、見ることを前提とした音声ガイドと、さわることを前提とした音声ガイドはまったく違うものです。

視覚を使わずに（見ないで）さわることの難しさ、おもしろさを僕はパズルに似ていると表現します。目が見えていれば、一目瞭然、瞬時に物の全体を把握することができます。ところが、目隠しをすると一触瞭然とはいきません。全体像をとらえるまでに、相当の時間が必要です。手が触れた点の情報を前後・左右・上下に少しずつ広げていきます。手を動かすことによって、点は線、面へと展開します。これは、ピースを組み合わせてパズルを完成させるプロセスに類似しています。触察の場合、パズルを組み立てる部分にいちばん時間がかかるわけですし、ここを丁寧に解説しないと、音声ガイドは機能しません。

パズルが得意な（おもしろい）人、不得意な（難しい）人がいるように、触察の受け取り方も十人十色です。しかし、手を動かし、頭の中で作品のイメージを組み立てていく触覚パズルは、人間ならではの知的作業だといえるでしょう。アンケート結果をみると、音声ガイドは好評でした。やはり、僕自身が作品にさわりながら（パズルを組み立てながら）説明したのがよかったようです。来場者からも「ちょっと難しかったけれど、おもしろかった」という感想が多数寄せられました。こういった音声ガイドは他のミュージアムにも応用できるのではないかという手応えを得て、兵庫県立美術館での企画展を終えました。

本日の僕の講演のタイトルは、「多様な『from』を育む博物館」です。この一〇年の間に、ユニバーサル・ミュージアム、さわる展示は確実に拡大・発展してきました。ユニバーサル・ミュージアムの理念を支えるのが「from」の発想です。「つなぐ×つつむ×つかむ」の展示では、視覚障害者が音声ガイドのコンテンツを提供しています。このコンセプトは、通常のミュージアムの「常識」とは逆です。健常者、目の見える人が音声ガイドを作り、障害者、目の見えない人がその恩恵を享受する。これが従来のミュージアムにおける来館者サービスの論理です。

レジュメでは「してあげる／してもらう」という言葉を挙げています。「健常者＝してあげる」「障害者＝してもらう」という図式は、ミュージアムのみならず、近代以降の社会に流布する見識・見解・見地です。美術館においては、視覚を使う人が、視覚を使えない人に情報提供するという考え方も大事です。でも、今回の無視覚流鑑賞では、あえて美術館の「常識」を逆転させてみました。

無視覚流鑑賞は、視覚障害者の美術鑑賞を疑似体験するものではありません。視覚を使わずに、触覚を頼りとして情報を組み立てる。物にじっくりさわって、「目に見えない世界」を想像する。こんな新しい美術鑑賞を健常者に知ってもらうのが、企画展の真の目的でした。無視覚流鑑賞は、視覚障害者専用のものではないという点で、この展覧会はユニバーサル・ミュージアムの最新事例と位置付けることができます。

企画展「つなぐ×つつむ×つかむ」において、目隠しをして、触覚に集中するというルールを徹底した点は評価できます。ここで問題なのは、作品を最後まで見せないことの是非です。今日、この会場におられるみなさんの中でも、おそらく「作品を見ないで鑑賞することの意義は理解できるが、やはり最後はどんな彫刻をさわっていたのか、視覚的に確認したい」という意見が多いのではないでしょうか。実際に展覧会のアンケートでも、「最後に作品を見たかった」という声が多数寄せられています。僕と美術館の学芸員も、こういった反応は予想していました。その上で、あえて「最後まで見せない」を貫いたのだから、やはり意地悪ですね。

人間の視覚は、「より多く、より速く」情報を入手することができます。パソコン、スマホの普及が示すように、現代人は便利な視覚に依拠する生活を送っています。視覚に慣れて（馴らされて）いる人々は、美術鑑賞でも「見たい」という欲求が強いわけです。触察鑑賞をした後に、作品を見てしまうと、「ああ、こうなっていたのか」と、触覚で得た情報を修正・変更するでしょう。そのような学習もあっていいとは思いますが、触文化にこだわるなら、曖昧に感じられる触覚情報をそのまま持ち帰ってほしい。作品の背後に広がる「目に見えない世界」への気づきを促すのが、無視覚流鑑賞の要諦なのです。

先のアンケートの中には、「作品を見て正解を知りたかった」というコメントも複数ありました。僕はこの「正解」という言葉に違和感を抱きます。世の中の多数派は、目で見ることを日々繰り返しています。無意識のうちに、目で見たものが正解、目で見ないと正解は得られないと思い込んでいます。たしかに、美術鑑賞において、色や形、全体像を視覚的にとらえるのは重要です。それでは、触覚で獲得する作品の質感は正解ではないのでしょうか。

アンケートでは「彫刻のつるつる、ざらざらした手触りが印象に残った」という感想がたくさんありましたし、音声ガイドでは作品の裏面など、見落としがちな部分にしっかりさわることを奨励しています。見たものが正解ならば、さわったものも正解です。もっと哲学的に考えると、そもそも美術鑑賞に「正解」などはないともいえるでしょう。美術鑑賞のあり方に一石を投じる、「正解」を求める近代的な思惟方法に疑問を投げかけるという意味で、今回の企画展は有意義だったと思います。

さわる展示のスタイルは多様で、もちろん無視覚流鑑賞のみが正解ではありません。民博の「世界をさわる」コーナーでは、「見てさわる」「見ないでさわる」の二つのセクションを設けています。「見てさわる」では、見ること、さわることを比較してもらいます。見なければわからないこと、さわらなければわからないことの両方を体感するのが狙いです。

「見ないでさわる」では、ブラックボックスに手を入れて、触覚のみで資料を理解してもらいます。残念ながら、「見ないでさわる」セクションではまだ無視覚流の音声ガイドがないので、単純なクイズ、正解を求めるゲームになっています。「この資料は○○である」という答えがわかることよりも、答えを推理・想像するプロセスが大切なのですが、そこは十分に来館者に伝わっていないかなと感じています。兵庫県立美術館で「つなぐ」「つつむ」「つかむ」という触察のキーワードを提示したので、民族資料などにも無視覚流を応用して、音声ガイドを提案するのが今後の僕の課題です。

以上、奈良での映像に続いて、僕自身が取り組む最新のさわる展示の実践事例を報告しました。視覚障害者（さわることを常とする人）の立場で音声ガイドを作る実験は始まったばかりです。これは、世界的にみても、きわめてユニークな事業であるのは確かでしょう。無視覚流の音声ガイドが各地のミュージアムで採用されることを期待します。

6　学習まんがの「三触旗」

次に、「触文化論に基づく『合理的配慮』」について少し解説します。本学会の大会テーマでも「地域とともに」ということが強調されていますが、「博物館での実践を他分野、広く社会に応用する」僕自身の挑戦に関して、二つ話題提供しましょう。

僕の講演では、「聴かせる」に加え、触覚的な要素も大事にしています。民族資料や点字の教材などを回覧し、講演の参加者にさわってもらうようにしています。幸か不幸か、本日の会場は階段教室で、参加者も多数です。さわる資料を回覧する環境としては、あまりよくないですね。物を回すと、前列の座席の人はいいのですが、後列の人がさわるころには、僕は違う話に移っています。「見せる」「聴かせる」とは異なり、「さわらせる」ためには時差が生じるので、なかなか難しいです。ここに、みなさんにさわっていただく物を一つだけ持ってきました。僕がストーリー協力者として関わった学習まんがです。『ルイ・ブライユ』です。

この本は小学生対象の学習まんがですし、今日は本の宣伝をするのが目的ではありません。本の表紙の話をします。ルイ・ブライユ（一八〇九～一八五二）は、点字の考案者です。大人はご存知ない方が多いかもしれませんが、このルイ・ブライユは最近、ちょっとした有名人になっています。小学四年生の国語教科書で点字、ルイ・ブライユが取り上げられているので、Yahoo! の「きっず人名検索」で、なんとブライユさんが四年連続で一位にランクされています。ちなみに、二位がAKB48、三位が織田信長ですから、ブライユさんは小学生にとって超人気者といえます。調べ学習などでの活用を想定し、各出版社が子ども向けにブライユの伝記を刊行しています。

小学館の学習まんがの企画が僕に持ち込まれたのは、二〇一五年の秋です。僕はまんがそのものを描くことができないので、シナリオを作る手伝いをしました。研究者の立場で史実を検証するのが、僕の第一の役割です。それと同時に、視覚障害の当事者として、さまざまなアドバイスもしました。失明後のブライユの心境、点字に対する熱い思いなど、史料に書かれていない部分は、僕の実体験を踏まえ、一部創作しています。

点字の考案者の伝記なのだから、やはり本の表紙で点字にさわってもらおうという提案もしました。後ほど本を回覧するので、みなさんもぜひさわってみてください。表紙カバーの上部に点字で「しょーがくかんばん　がくしゅー　まんが　じんぶつかん」（小学館版学習まんが人物館）とあります。そして、中央部に少し大きな点字で「るい　ぶらいゆ」と入れました。注目していただきたいのは、中央の右側にある四角い窓のような部分です。窓の左側が斜線、真ん中が無地、右側が点々になっています。これはフランス国旗の触図です。ほんとうは本の中身をじっくり読んでいただきたいのですが、今日は表紙のみをさらっとさわって、次の人に回してください。単純な話ですが、本が回ってきて、それを自分の指でさわり、横、後ろの人に渡す。これだけで眠気が覚めます。見る・聴くのみの講演は受動的になりがちですが、さわる要素を加えると、講演は能動的なものに変化します。ミュージアムでも受動的な見学だけでなく、能動的な触学も大事にしなければならないでしょう。まんが本のブライユさんが、みなさんの脳を活性化する。その能動的な雰囲気を僕の講演の後のシンポジウムにもつなげたいと思います。

フランス国旗は青・白・赤の三色で構成されています。三色旗の成立については諸説あり、はっきりしたことはわかりません。俗説では青・白・赤はフランス革命の理念、自由・平等・友愛を象徴しているともいわれます。この説には史料的裏付けはありませんが、すくなくとも世界中の人々がフランス革命から勇気と希望を得たこと、その革命のシンボルとされる三色旗に夢を託したことは間違いないでしょう。

三色旗を触図にするに当たって、色をどう処理すべきか、僕の中で迷いがありました。青・白・赤の色があれば、小学生でも「これはフランス国旗だ」と、すぐにわかります。でも、あえて僕は色を付けませんでした。だから、表紙の触図を見て、さわって、これがフランス国旗だとわかる人は、おそらくほとんどいないでしょう。本の中には触図の説明がきちんと書かれていますが、そこを小学生が理解してくれるかどうか、あまり自信がありません。学習まんがを副読本とする先生方のサポートをお願いしたいところです。

触図に色を付けると、「青＝斜線」「白＝無地」「赤＝点々」のように、視覚情報の触覚情報への置き換えになってしまいます。視覚と触覚は対等なので、どちらか一方の置換にはしたくないというのが僕の思いです。自由・平等・友愛を視覚的に表現すれば青・白・赤になる。同じように革命理念の根本に立ち返って、自由・平等・友愛を触覚的に表せばどうなるのか。

表紙の触図では、僕の独断で自由・平等・友愛の触覚表現を決めました。もちろん、これが唯一の正解ではありません。理想を言えば、本の読者である小学生たちが触図にさわり、「僕なら点々をもっと粗くする」「私なら斜線ではなく、縦線や横線にする」など、ああだこうだと話し合う。三触旗が子どもたちの触文化教育のサンプル、さわるセンスを磨くツールになることを願っています。これも能動的な学習ですね。

レジュメには「可触化」という僕の造語が出ています。見ることを可能とするのが「可視化」で、この言葉は辞書にも載っています。自由・平等・友愛という抽象的な理念を可視化したのが、三色旗の青・白・赤です。一方、表紙カバーの触図は「可触化」の例です。

レジュメには、「電子書籍では伝えられない『三触旗』の魅力」と書きました。昨今はデジタル化時代で、紙の本は縮小傾向です。若者は新聞や書籍を手にしなくなりましたね。僕が本を出版する際、表紙の手触りにこだわっています。今のところ、本の触感は電子書籍では伝えることができません。こういった僕の主張に賛同してくれる出版関係者も少しずつ増えています。十年ほど前に「本の表紙に点字、触図を入れたい」と希望しても、聞き入れてくれる出版社はほとんどありませんでした。この十年の間に僕が大作家になったわけではなく、相変わらず拙著は売れません。でも、「デジタル化＝可視化」に抵抗する流れが生まれているのは嬉しいことです。「可触化」は、紙の本の生き残り戦略の一つになるのではないかと勝手に考えています。

余談を一つ付け加えましょう。「これを言っちゃおしまいよ」ですが、さわる表紙はインターネットの画像ではアピールできません。また、そもそも僕の本は書店の本棚の片隅に並べられます。棚の中に入ってしまうと、さわる表紙は発見されませんね。お金と時間をかけてさわる表紙を作っても、はてさて宣伝効果がどれくらいあるのか。ちょっと疑問ではあります。当面は書店で平積みになるような本を書くのが僕の目標です。

7　博物館発の多様な「from」

博物館における触文化の実践を他分野に応用する例として、もう一つ、被災地ツーリズムの話をします。最近、僕は観光・まちづくりに触文化の発想を取り入れる活動に着手しています。二〇一六年から福島県いわき市で「被災地ツーリズムのユニバーサル化」プロジェクトに参加することになりました。すでに地元の視覚障害者、肢体不自由者にも呼びかけ、スタディツアーを三回実施しています。

従来のスタディツアーは文字どおり「視察」が中心で、バスで移動、窓から被災地の様子を「見る」ものでした。僕たちの「ユニバーサル・ツーリズム」のツアーでは、できるだけバスから降りる回数を増やし、被災地の手触り、風、雰囲気などを肌で感じる体験を重視しています。「五感で味わう」というのは陳腐な表現で、人間の感覚は単純に五つに分けられるものではありません。僕たちのツアーでは、多様な感覚を用いて現地の方々と対話し、人の心、未来など、「目に見えない世界」にアプローチすることをめざしています。五感ではなく、六感を磨くのが狙いともいえるでしょうか。

二〇二〇年のオリパラが呼び水となり、ユニバーサル・ツーリズムという語が旅行業界などで頻繁に用いられるようになりました。しかし、言葉が先行していて、具体的に「ユニバーサル」が何を指すのかが曖昧です。障害者・高齢者向けのツアーを企画すれば、それが「ユニバーサル」になるのだと安易に考えている関係者も少なくありません。実際に、いわきでのスタディツアーを積み重ねることにより、「ユニバーサル」とは何なのか、しっかり検証していきたいと思っています。

レジュメの最後に「触文化の『能動性』と『身体性』が地域を活性化する」と書きました。これが本日の講演のまとめです。今日、僕の最近の取り組みを通して、さわることの特徴を述べてきました。自分で情報を取りに行く、そしてその情報を自分で広げる。これが、さわることの特徴だといえます。さらに、奈良の映像でもご覧いただいたように、さわるとは全身運動です。さわることによって、現代人が忘れかけている「能動性」「身体性」の大切さを再確認できると、僕は信じています。

触文化を普及する地道な実践事例として、九州で継続的に行われているユニバーサル・ミュージアム講座を紹介しましょう。本学会の理事でもある九州産業大学の緒方泉先生が毎年、九州地区の学芸員技術研修会を実施しておられます。僕は二〇一五年度からこの研修会に協力し、ユニバーサル・ミュージアムの講座を担当しています。この研修会は、地域を活性化するという点で、きわめて有意義です。

二〇一六年度は宮崎県立美術館で僕の講座が開かれました。美術館の貴重な所蔵品の中から触察用の作品をご提供いただき、当日は参加者が無視覚流鑑賞を体験しました。九州地区の学芸員が集まり、いっしょに手と体、頭を動かして作品の魅力を探る。最初は目隠しをして、おっかなびっくりの触察ですが、作品にさわることで個々人の「能動性」と「身体性」が刺激され、参加者同士の会話も弾みました。まさに、講座は接触と触発の現場であるといえます。

ユニバーサル・ミュージアム講座は、さわる行為を媒介として、学芸員の意識改革をもたらします。こういった意識改革が蓄積されれば、地域の活性化にもつながるはずです。博物館が展覧会、ワークショップを続けて行く狙いは、来館者の価値観・人間観・世界観を変えていくことだと思います。そのためには、まず展覧会やワークショップを企画する学芸員の意識を変えていかなければなりません。九州地区のような学芸員研修会が全国に広がることを切望します。

僕は今日、博物館が社会を変えるという話をしてきました。博物館が育ててきた文化を積極的に社会に発信しようという考え方です。そして、二一世紀の博物館を変革するのが「from」の発想だといえるでしょう。僕の場合は、視覚障害というマイノリティの立場で展示を立案したり、本を書いたりしています。視覚を使わない観光を健常者にも体験してもらうユニバーサル・ツーリズムの実験にも取り組むようになりました。

今まで、情報の受け手とされてきたマイノリティが、自身の生き方（行き方）を自らの手で発信する。その生き方（行き方）がマジョリティにインパクトを与える。「多様性の尊重」はグローバル時代を生きる人類の課題ですが、その最前線を担うのが「文化を創造する」博物館なのではないでしょうか。マイノリティの生き方（行き方）を理解し、「from」の発想を博物館に取り入れる学芸員、研究者を育てることができるのが、日本ミュージアム・マネージメント学会なのです！

講演の最初の雑談で、障害者の鉄道利用のエピソードを取り上げました。障害者といわれる人々がごく自然に街に出て、電車に乗る。そして、博物館にも堂々とやってくる。そんな環境整備のために、これからも触文化の伝道師として精進します。本学会にもお世話になるだけではなく、マイノリティの立ち位置からミュージアム・マネージメントの研究に貢献できるように努力する所存です。ありがとうございました。

第5章　国立民族学博物館からの発信

1　民博展示の「触り」を体験しよう！

「世界をさわる」展示の意義

「触り（さわり）」とは本来、芸能において中心となる見どころ・聴きどころ、あるいは話や文章の感動的な部分（要点）を意味している。ところが近年では、物事の最初の箇所というニュアンスでこの語が用いられることが多い。混乱を避けるために、本節では前者を「触り」、後者を「さわり」と表記する。触りのさわりへの変化は、日本語表現の誤用の例として、しばしば取り上げられる。しかし、じつは「さわり＝触り」なのではないかと僕は考えている。触覚が直接とらえることができるのは、物の表面の質感である。この表層の情報を元に、物の内部を想像し、「目に見えない世界」にアプローチする。さわりから触りへ。これが触覚活用の醍醐味ともいえる。

二〇一二年、民博のインフォメーションゾーンに「世界をさわる」コーナーが新設された。

僕は情報展示プロジェクトのメンバーとして、本コーナーの企画・設置に関わった。「世界をさわる」コーナーは、民博の展示場の無料ゾーンに位置している。展示観覧の最初、もしくは最後に、誰もが気楽に立ち寄ることができるという点で、このコーナーは、民博のさわりである。老若男女、さまざまな来館者が展示資料に触れ、目で見るだけでは気づかないモノの形状・機能などを「発見」してほしいと願っている。

民博で展示されるモノの背後には、それを創り、使っている人、そして伝えてきた文化が存在する。創る・使う・伝える行為は、多くの場合、「手」を媒介としてなされる。いうまでもなく、表面的なさわりをきっかけとし、触りに到達してもらいたいというのが、「世界をさわる」コーナーの真の狙いである。民博でモノにさわるとは、各展示資料が持つ「目に見えない物語」、すなわち「創・使・伝」を追体験しているともいえるだろう。多様な「創・使・伝」をいかにして展示するのか。民博の研究者は、日々この課題と格闘している。「世界をさわる」コーナーが、民博展示の触りへと来館者をいざなう導入になれば幸いである。

「さわるマナー」の普及

博物館でモノにさわることは重要だが、そもそも触察は資料保存とは相容れない側面を有している。どんなに注意深くさわったとしても、触察により汚損・破損の危険が増すのは間違い

「世界をさわる」コーナーは、「じっくりさわる」「見てさわる」「見ないでさわる」の三つのセクションで構成されている。

ない。これまでに「世界をさわる」コーナーでも、資料が壊れるという事故が何度か発生している。資料保存を重視するなら、博物館でモノにさわるのはタブーということになる。

逆説的な言い方になるが、「世界をさわる」コーナーは「さわるマナー」を育む拠点であると、僕は主張している。一つ一つのモノに優しく丁寧に接するのが「さわるマナー」である。モノの背後にある「目に見えない物語」を実感すると、必然的に来館者のモノとの接し方は変わってくるのではないか。「創・使・伝」の意義を理解すれば、モノを乱暴に扱うことはできないはずである。大量生産・消費が当たり前とされる使い捨て時代だからこそ、未来を担う子どもたちには「さわるマナー」を身につけていただきたいと思う。

「世界をさわる」コーナーの設置から七年が経過した。触察の楽しさを訴える展示、民博のさわりとして、本コーナーが来館者に受け入れられている手応えを感じる。一方、民博の触りを具現する点では、まだ道半ば、手探り状態と言わざるを得ない。「世界をさわる」コーナーを使用するワークショップなどを積み重ね、「さわるマナー」を広く館内外に宣揚していかなければなるまい。博物館で人とモノが触れ合う。そこで「さわるマナー」を習得した人が社会に出ていく。民博の「さわり＝触り」の現場から、者と物、者と者のコミュニケーションのあり方を再考する。「世界をさわる」コーナーは、そんな壮大な研究の出発点なのである。

２　誰もが働きやすい博物館

ユニバーサル・ミュージアムとは何か

ユニバーサル・ミュージアム（以下、ＵＭと略記）とは、「誰もが楽しめる博物館」を意味する。単なるバリアフリー、障害者対応というレベルを脱して、新たな普遍性を模索するのがＵＭ運動の要諦である。一九九〇年代以降、日本においてユニバーサルデザインの考え方が各方面

筆者は２０１４年度から東海大学の博物館実習を担当している。実習では、学芸員の資格取得をめざす学生たちに触覚と聴覚による情報収集・伝達の可能性を実体験してもらう。民族楽器や仮面に直接触れて触感や形状を確かめる実習は、全盲の講師ならではの試みといえよう。

で導入されるようになった。ユニバーサルデザインの博物館という含意でＵＭが注目され始めるのは、二一世紀に入ってからである。

最近、僕はＵＭを定義する表現として、「感覚の多様性が尊重される五月蠅《うるさ》い博物館」を用いている。古今東西、博物館の展示は見ること、見せることを前提として構成されてきた。ミュージアムとは、視覚優位の近代文明の象徴ともいえる。視覚中心の展示方法、教育プログラムのあり方を問い直し、さまざまな感覚を活用できる博物館を創ろう。そして、博物館から社会を変えていこう。ＵＭ運動は、近代に対する強烈な異議申し立てを内包している。

従来、博物館・美術館は静かに見学する場所とされてきた。しかし、近年では対話型の鑑賞が各地で試みられている。「五月蝿い博物館」とは、来館者や学芸員など、ミュージアムに集う人々が全身の触角（センサー）を働かせて交流することを指す。人間は虫のような触角を取り戻すべきだという主張の下、あえて「五月蝿い」と漢字表記している。博物館での体験を通じて、感覚の多様性への気づきが生まれれば、健常者とは五感の使い方が異なる障害者を尊重する意識も醸成されるだろう。視覚に依拠する人、触覚に依拠する人、聴覚に依拠する人……。異文化間コミュニケーションを実践できる現場として、「五月蝿い博物館」が発展することを願っている。

ユニバーサル・ミュージアムの新たな課題

これまでに民博では、UMをテーマとする公開シンポジウムを三回実施してきた。また、二〇一二年には本館展示の全面改修の一環で、インフォメーションゾーンに「世界をさわる」コーナーも開設された。このコーナーは、民博のUM研究の拠点と位置づけることができる。UMが日本の博物館を改変する起爆剤となっているのは間違いない。今後は日本発の新概念として、UMを国際的に普及するのが大きな目標となるだろう。そのUM運動の中で、喫緊の課題となっているのが雇用・就労問題である。

「視覚障害学生の博物館実習を受け入れてくれる施設がない」「弱視者の博物館実習を拒否するのは障害者差別ではないか」。僕の所にこういった相談が二件、二〇一八年度中に持ち込まれた。現在、障害のある学生が学芸員資格を取得することは制度的に認められている。だが、繊細な資料の取り扱い、照明器具の微妙な調整などの実習では、視覚障害者には「できない」ことが多い。二〇一六年施行の障害者差別解消法では、「できない」を解消するのが合理的配慮とされているが、何が合理的で、どこまで配慮すればいいのかは曖昧である。たとえば、視覚障害学生のために補助員を提供するとしても、その補助の内容は慎重に考える必要があるし、専門的な知識・技術を持つスタッフの養成は簡単ではない。

僕の知人の全盲者は、学生時代、ある博物館で実習を経験した。実習を通じて彼は、博物館の業務遂行上、視覚が必須であることを痛感し、学芸員になる夢をあきらめた。あれから二十年ほどが過ぎたが、基本的に状況は今日も同じである。ちなみに、彼は今、高校の英語教員となって活躍している。

さまざまな障害者が学芸員として採用されることにより、博物館そのものが変化する。これは、障害当事者として博物館に勤務する僕の信念である。学芸員実習も柔軟に運用され、万人に開かれるべきだろう。しかし、多くの博物館では「雑芸員」と揶揄される少数の学芸員が日々の雑務をこなしながら、展示や教育プログラムを企画・担当しているのが現実である。そういった館が、配慮を要する実習生を受け入れるのは厳しい。日本の博物館で障害者が学芸員採用される例はきわめて少なく、おそらく視覚障害者の学芸員は皆無だろう。

お互いが「できる」ことを分担するのが障害者雇用を進める鉄則である。とはいえ、二〇一八年に発覚した省庁等の公的機関における障害者雇用水増し問題を想起するまでもなく、「障害者にもできること」を見つけるのみでは現状打破は難しい。障害者雇用の進展を図るには、「障害者だからこそできること」を探究する発想が不可欠だろう。

感覚の多様性が尊重される五月蠅い博物館。この理想が雇用・就労という面で博物館に根付くまでに時間がかかるのは確かである。だが、「障害」という観点で学芸員の仕事を再解釈・再検討することは大切だろう。UMとは「誰もが働きやすい博物館」である。そう言える日がきっとやってくると僕は信じている。

３「さわっておどろく」後に

※　二〇一五年度採用の小学四年生の国語教科書（学校図書）に、拙文「さわっておどろく」が掲載された（二〇二五年度まで継続予定）。筆者として小学生に何を伝えたいのか。以下の文章は、教師用の指導書に寄稿したものである。

小学生に伝えたいこと

頑張っている人でもなければ、かわいそうな人でもない。障害者とは、おもしろい人である。時々僕は小学校から講演、ワークショップを依頼される。「今日はなんだかよくわからない変なおじさんが学校に来た」「そういえば、あのおもしろいおじさんは目が見えなかったっけ」。子どもたちがこのように感じてくれたら、僕の講演は成功なのではないかと考えている。

子どもたちに全盲者の生活を想像してもらうために、かならず例に挙げるのは歩くことと読むことである。歩行と読書は視覚障害者の二大不自由といわれている。たしかに、全盲の僕が白杖を頼りにあちこち出かけようとすると、苦労が多い。物にぶつかって痛い思いをしたり、道に迷うこともある。晴眼者からすると、ふらふらと一人で歩く視覚障害者はかわいそうな、または頑張っている人に見えるのかもしれない。

しかし、少し見方を変えると、視覚障害者は嗅覚・触覚・聴覚など、視覚以外の感覚を総動員して歩いているともいえる。道路の微妙な凹凸、風の流れ、街が発する種々雑多な音、においを全身でとらえて歩くのが視覚障害者なのである。晴眼者が見落としていること、見忘れているものを視覚障害者が「発見」するケースも珍しくない。視覚を使って歩くマジョリティに対し、視覚を使わずに歩くマイノリティがいる。「歩く」を問い直すことから、各人各様の違いを尊重する柔軟な思考を持つ子どもが増えればと願う。

一三歳で完全に視力を失った僕は、大好きな本が読めなくなる不自由に直面し、大いに落胆した。だが、失明は指や耳による読書に出合うきっかけでもあった。初めて点字が触読できた時の興奮を僕は鮮明に記憶している。それは、眠っていた触覚の潜在力が開花する感激ともいえるだろう。「点字は真っ暗な部屋でも読めるので、節電になります」「点字を触読できれば、テストのカンニングに便利かも!?」　僕が正面に顔を向けたまま、机の下で点字をすらすら読むと、先生方は苦笑するが、子どもたちは大喜びである。

録音図書の利用に耳が慣れると、速聴きが可能となる。通常の一・五倍のスピード、まるで早口言葉のように流れる録音図書を聴いて、子どもたちはキョトンとする。「なんで、これがわかるの？」　小説、雑誌など、録音図書の速聴きを日常的に楽しむ視覚障害者は、晴眼者よりも簡単かつ快適に本を読んでいるともいえそうである。本は目で読むものという常識を脱して、多様な読書法があることに気づく。この気づきは、多文化共生社会を築く契機となるのではなかろうか。

優しさよりも強さを

従来、小学校の授業で点字や手話、障害が取り上げられる場合、「優しさ」が強調されてきた。「街中で目の不自由な人を見かけたら、助けてあげましょう」「困っている視覚障害者を誘導・案内する方法を覚えましょう」。子どもたちに優しい心を持ってもらうのは大切であり、障害者がそういった優しさに支えられて生きているのも事実だろう。でも、障害者とは支援を要する弱者なのだという一方的な理解が広がるのは危険である。

小学生が障害について学ぶポイントは、優しさに加え、強さを身につけることではないだろうか。視覚を使えない不自由だけではなく、視覚を使わない自由（解放感）も存在する。発想の転換により、欠点は利点となる。目が見えないという障害が僕を強くした。そんなメッセージを伝えるために、これからも僕は白杖片手に、文字どおり見知らぬ学校を訪ねることにしよう。

博物館での学び

障害を異文化として受容する実践的な学びの場となるのが博物館である。僕が勤務する民博では、さまざまな国・地域の生活文化を紹介している。世間の多くの人は異文化と聞けば、外国をイメージする。ところが、外国以外にも僕たちの周りには身近な異文化がたくさんある。たとえば、博物館では展示物を見て楽しむのが一般的だが、近年は「さわる」ことができるコーナーも増えている。触覚で味わう展示が充実すれば、晴眼者の博物館での学習は深化するだろう。その学習は、さわることを重要な情報獲得手段としている視覚障害者に対する社会の認識を変えていくに違いない。見ることに依拠する晴眼者、さわることに依拠する視覚障害者。両者の異文化間コミュニケーションの機会を創出するのが博物館の役割である。

僕が提唱するユニバーサル・ミュージアム（誰もが楽しめる博物館）は、単純な視覚障害者支援とは異なる。目が見える・見えないに関係なく、みんながモノにさわり、その感動を分かち合う。モノとの接触、モノからの触発により、人間の多様性を知りおどろく。民博を拠点とするユニバーサル・ミュージアム運動は、「さわっておどろく」体験の連鎖をめざしているともいえよう。

これまでに僕はユニバーサル・ミュージアムを主題とする二冊の編著を刊行している。『さわって楽しむ博物館 ― ユニバーサル・ミュージアムの可能性』（二〇一二年）、『ひとが優しい博物館――ユニバーサル・ミュージアムの新展開』（二〇一六年）である。これら二冊の拙編著では、ユニバーサル・ミュージアムの具体像を探究する全国の同志が企画・実施した展示、ワークショップの事例が報告されている。可能性から新展開へ。三冊目の編著をいつ出版できるのかは未定だが、次の本のサブタイトルは「ユニバーサル・ミュージアムの大流行」としたいものである。

各地の小学校で講演をすると、次代のユニバーサル・ミュージアム運動の担い手となる子どもたちが確実に育っている手応えを感じる。「さわっておどろく」経験が、子どもたちの意識を変える。そして、その子どもたちが社会を変える。ユニバーサル・ミュージアムの大流行も夢ではないと、「おもしろいおじさん」は信じている。

第6章　偏差知からの脱却 ― 知的障害者との協働の意義 ―

1　僕が「障害者アート」にこだわる理由

「無視覚流鑑賞」とは何か

二〇一六年七月～一一月、兵庫県立美術館で企画展「つなぐ×つつむ×つかむ ― 無視覚流鑑賞の極意」が開催された。僕はプロデューサー兼アドバイザーとして本展に全面協力した。本展の会場入口では、すべての来場者にアイマスクが手渡される。目隠しをした来場者は三体の彫刻作品（ブロンズ製の彫像）にじっくりさわって鑑賞するのである。本展の狙いは、視覚障害者の美術鑑賞法を健常者に伝える疑似体験、福祉的な啓発ではない。

無視覚流とは、視覚に頼らない新たな美術鑑賞法である。この展覧会の最大の特徴は、視覚障害者（僕）が作品を触察する「生の声」を音声ガイドとして用いる点だった。無視覚流鑑賞は新聞等でも好意的に取り上げられ、多くの来場者に楽しんでもらうことができた。「手探りは手触りを経て手応えへ」というのが、無視覚流鑑賞を提案した僕の素直な心境である。兵庫県立美術館の企画展終了後、僕は無視覚流をユニバーサルな美術鑑賞法として普及するための試行錯誤を続けている。この三年余、自分が担当するワークショップ、展示では無視覚流の語を積極的に使用し、視覚ではとらえられないアートの可能性を模索してきた。

無視覚には「無資格」の意味も含まれている。博物館・美術館は視覚優位、視覚偏重の近代を象徴する文化施設である。古今東西、ミュージアムの展示は「見る」ことを前提として構成されている。そんなミュージアムから疎外されてきたのが、「見る」ことができない（できにくい）視覚障害者なのではなかろうか。視覚障害者は、ミュージアムにとって「無資格者」だったともいえる。僕は無視覚者（無資格者）のウェイ・オブ・ライフ（生き方＝行き方）を取り入れることは、近代的なミュージアムの存在形態を改変する起爆剤になると確信している。そんな確信の下、二〇一七年一二月に執筆したのが以下の「無視覚流鑑賞の極意六箇条」である。

無視覚流とは「思い遣り」である。
創る人（制作者）・操る人（学芸員）・奏でる人（来館者）の思いは、目に見えない。
さまざまな思いが交流・融合し、「思い遣り」が生まれる。
視覚は量なり、されど大量の情報には、かならず死角がある。
視覚はスピードなり、されど迅速な伝達は上滑りで、記憶に残らない。

無視覚流は「より少なく、よりゆっくり」を原則とし、作品の背後に広がる「目に見えない世界」にアプローチする。さあ、視覚の便利さ（束縛）から離れて、自然体で作品と対峙しよう。みんなの「思い遣り」は、視覚優位・視覚偏重の美術鑑賞のあり方を改変し、新たな「動き」を巻き起こす。

① 手を動かす＝まずは触角（センサー）を伸ばして感じてみる。
② 体を動かす＝心身の緊張をほぐし、感性を解放する。
③ 頭を動かす＝触角がとらえた情報を組み合わせ、作品の全体像をイメージする。
④ 口を動かす＝作品の印象、感想を声に出し語り合う。
⑤ 心を動かす＝作品・他者との対話を介して、自己の内面と向き合う。
⑥ 人を動かす＝ミュージアムが発する能動・感動・連動の波が社会を変える。

「比べる」ことの功罪

六箇条をまとめることにより、無視覚流鑑賞に自信を深めていた二〇一八年二月、僕は彦根学園を訪問した。視覚障害に加え、軽度の知的障害がある施設利用者とともに、制作活動に参加するのが僕の訪問の目的だった。視覚障害という共通点を持つ部外者（僕）が活動に参入することにより、どんな変化が起こるのか、もしくは変化がまったく起こらないのか。無視覚流鑑賞は知的障害者にも有効だと考えている僕にとって、彦根での経験は貴重なケーススタディになるのではないかという期待があった。

僕は視覚障害の当事者という立場を活かし、日本史・文化人類学の研究に取り組んでいる。国立民族学博物館に就職後、ユニバーサル・ミュージアム、触文化に関する単著・編著を出版してきた。大学の非常勤講師として、あるいは各地の自治体の依頼に応じて「障害と人権」のテーマで講演する機会も多い。自分の研究成果、実体験について喋ったり、書いたりすることが僕の仕事であると認識している。喋ること、書くことによって、健常者中心の社会に視覚障害者からのメッセージを届けるのが、僕の役割ともいえるだろう。

こんな僕への取材などで、障害者全体の利益／不利益、他の障害者の特性やニーズについてコメントを求められることが時々ある。僕には視覚障害以外の障害のことはよくわからない。自身の知見は限られたものであることを常に自覚すべきだろう。それでも、他の障害種別に対する「思い遣り」（思いを外へ遣わすこと）を持ち、柔軟な発想ができる障害者でありたいと願っている。

じつは僕にとって、もっとも理解しにくいのが知的障害者である。知的障害者たちは言葉、文章とは異なる自己表現手段を保持している。一方、僕は喋ること、書くことによって自己と向き合い、視覚障害者ならではの「生き方＝行き方」を探究してきた。さて、知的障害者の動作、表情を視覚的に読み取れない僕は、無視覚流で彼らとコミュニケーションすることができるのだろうか。

こんな疑問、不安を抱えつつ、彦根学園の利用者三名とともに、僕は粘土制作のテーブルに向かった。利用者たちは普段どおり自分のペース、スタイルで作品制作を始める。僕は大阪に住んでいること、全盲であることなど、簡単な自己紹介をする。やはり、突然の乱入者が気になるようで、「大阪のどこから来たの？」「どちらの盲学校にいたの？」といった質問が利用者から投げかけられる。

三人の利用者は、それぞれにテーマ（何を作るのか）が決まっているようだ。僕は何を制作すればいいのか迷ったが、ある利用者から「電車を作ったら？」という提案をいただいた。僕を含め四人は同じ質問、受け答えを何度か繰り返しながら、各人各様の制作を進めていく。どうやら、口は動いているが、手がほとんど動いていない人もいる。出身校や居住地など、同じことが何回も尋ねられるのは、単に僕の答えを忘れてしまうのか、内容云々ではなく、その場の会話を楽しんでいるだけなのか。僕がいない時、三人の利用者はどんな世間話をしているのだろう。

そのうち、僕は不思議なことに気づいた。僕は自分の制作に集中する一方で、隣の人、前の人が何を、どのように作っているのかにも関心がある。前後・左右が見えないので、余計に気になるという面もあると思う。でも三人の利用者は、他者の作品にまったく興味を示さない。適度に会話も交わされ、和やかな雰囲気なのに、他者の作品に関する発言は皆無である。

僕は途中で何度か自身の制作を中断し、「○○さんは何を作っているのですか」「××さん、ちょっと作品にさわらせてください」と言って、利用者の席に足を運んだ。「ああ、おもしろいですね」「これはすごいなあ」などと、作品にさわった素直な感想も述べた。それなのに、最後の最後まで三人の利用者が僕の作品にさわること、「電車」の出来を確かめることはなかった。さわって作った「電車」なので、さわって感じてほしいという僕の願いは、あっさりと裏切られたのである。

盲学校の中高時代、僕は美術の時間が大好きで、粘土で抽象的なオブジェを作って遊んでいた。全盲者が制作に取り組む際、さわることは重要である。さまざまな実物資料、または他者の作品に直接触れると、想像力・創造力が刺激される。能動的な触察行為を媒介として、オリジナル作品が自分の内部から湧き出てくるのが制作の醍醐味だろう。視覚障害者の美術教育は、「目に見えない世界」を形にする力を重視しているともいえよう。

盲学校の美術の授業では、他のクラスメートの作品にさわる交流がごく自然に行われている。

教師も「制作＝鑑賞」のプロセスとして、触察を奨励する。実際、僕も授業中に同級生の作品に触れて楽しんだものである。大切な作品を壊さぬよう、優しく丁寧にさわる。美術の授業は、盲学校の生徒にとって触察のマナーを習得する実践的トレーニングの場でもあった。

見比べることができなければ、さわり比べるのが当然である。こんな僕のモットー、信念は、彦根学園ではほとんど通用しなかった。考えてみると、「比べる」ことは人間に向上心をもたらすのは確かだが、逆に妬み・嫉みの感情も惹起する。他者と比べることなく、ひたすら自己の内面に触角（センサー）を伸ばし、制作に没頭する人々がいる。知的障害を併せ持つ視覚障害者たちとの制作体験は、僕にとって一種のカルチャーショックだった。

「偏差知」を乗り越える障害者アート

前項で、知的障害者は「もっとも理解しにくい」と書いた。では、そもそも〝知〟とは何だろうか。二〇一四年一二月、僕は嶺重慎氏との共編著『知のバリアフリー』を刊行した。現代社会の〝知〟が「障害」を意識的・無意識的に排除してきたこと、「障害」は健常者中心の偏った〝知〟の体系に強烈なインパクトを与えることを実証する。これが本書を貫くコンセプトである。

僕はマジョリティ（強者）の論理で形成された従来の〝知〟を「偏差知」と名付けている。知る者（こちら側）、知らない者（あちら側）を分けて、人間を差別化するのが偏差知の特徴である。言葉と文章を武器に、「障害」に対する理解・共感を社会に訴える僕は、一面では偏差知に毒されていることを認めなければなるまい。

彦根学園の制作活動に参加した日、僕は「比べない」人々に出会い戸惑った。活動後半の僕の心の動きは、以下のようなものである。「この人たちは知的障害があるから、他人の作品に興味がないんだ」「自分以外の作品にさわれば、もっと制作は楽しくなるし、文字どおり触発されるはずだ」「よし、僕がどんどん利用者に声をかけ、鑑賞のおもしろさを伝えて、制作現場を活性化しよう」。今、客観的に振り返ってみると、こんな僕の考えは偏差知的な思い上がりであり、「声をかける」「おもしろさを伝える」などの行動は、利用者にとって迷惑だったのかもしれない。

アートとは多様な自己表現の手段、およびその産物である。このように広く定義するなら、「障害者アート」「先住民アート」などの呼称はナンセンスだろう。あくまでもアートはアートであり、作り手が誰なのかは関係ない。もともと自己表現の手段は十人十色なのだから、「障害者のアート」(art of the disabled) という発想は成り立たないといえる。近年、日本においても「障害者アート」に代わり、「アール・ブリュット」(生の芸術) という概念が定着しつつあるのは歓迎すべきだろう。

「アール・ブリュット」の理念がさらに拡大・普及することを支持しながらも、僕にはあえて「障害者アート」にこだわりたい心情がある。僕は「of the disabled」ではなく、「from the disabled」の障害者アートを標榜している。創る人（制作者）の自己表現の中には、何らかの「思い遣り」が込められている。知的障害者に純真・無欲などを過度に求めるのは、健常者のエゴである。しかし、知的障害者の作品には偏差知から解放された自由、偏差知では把握できない「思い遣り」があるのも事実だろう。言葉や文章を用いずに自己表現を行う知的障害者たち。僕たちは、彼らからのメッセージを受け止めることができるのか。偏差知に支配された僕たちの感性に風穴を開けるのが、「from the disabled」の障害者アートなのである。

彦根学園の三人の利用者たちは乱入者のことなど忘れて、今日ものんびり、ゆっくり自己の制作を続けているだろう。結局、彼らは「電車」に触れることはなかったが、僕は彼らから無言の叱咤を受けたような気がする。「おまえの無視覚流はこの程度か。まだまだだなあ」。

無視覚流の要諦は美術鑑賞、すなわちミュージアムにおける人と物の関わりを再解釈・再検討することのみではない。知る者・知らない者の間の壁を取り壊し、人と人のコミュニケーションのあり方を多角的にとらえ直すのが、無視覚流の最終ゴールだと僕は信じている。前述の六箇条のキーワードは触角である。手で作品にさわるのは無視覚流鑑賞の基本、第一歩だろう。手から始めて、全身の触角を鍛えれば、作品に触れなくても作者の「思い遣り」をキャッチできるのではないか。目に見えない世界は、声なき世界、文字なき世界につながっているはずである。

よし、我が触角を鍛えて出直しだ。次回、彦根学園を訪ねる際の課題は二つ。さわるという初歩的な無視覚流鑑賞だけではなく、利用者の息遣い、声の調子、粘土をこねる音、気配などから作品の具体像、作者の人柄をイメージする。そして、僕自身は知的障害がある利用者たちが手（触角）を伸ばし、さわりたくなるような作品を完成させる。この二つの課題をクリアできれば、無視覚流鑑賞はきっと大きく前進するだろう。誤解を恐れずに言うなら、「from the disabled」の障害者アートは、僕たちの触角を錬磨するための最適のツールなのである！

2 「どんぐりボール」で以身伝心

知的障害者向けの学習プログラム

ここに「どんぐりボール」がある。今、僕は自分が作った「どんぐりボール」にさわりながら、この文章を書いている。

二〇一八年一二月、民博で知的障害者向けの学習プログラムを担当した。本プログラムにおいて、僕が強調したのは触覚・聴覚の可能性である。楽器や玩具など、さまざまな民族資料に実際に触れ、その感触をじっくり味わってもらう。また、「日本の音風景一〇〇選」のＣＤを聴いて、何の音声なのかを考えるクイズも実施した。触覚と聴覚を意識するきっかけとして、日常生活で触覚・聴覚を頻繁に用いる視覚障害者と触れ合うのは有意義だろう。プログラムでは全盲の視覚障害者である僕との交流、自己紹介や握手の時間をしっかり確保した。

プログラムの最後のアクティビティは、粘土による作品制作である。まず、野菜や果物の実物にさわり、気に入ったものを選んでもらう。普段何気なく食べており、よく知っている野菜・果物でも、あらためて細部に触れ、においを嗅いでみると、意外な発見がある。お気に入りの野菜・果物が決まったら、それを手元に置いて、粘土で制作する。実物を忠実に再現する人もいれば、全体ではなく、部分にこだわる人もいる。上手か下手かは二の次で、実物から得た印象をそれぞれのスタイルで「形」にするのがプログラムの狙いである。

今回の僕のプログラムでは、知的障害者たちの反応がよく、保護者アンケートもおおむね好評だった。今後、知的障害者が気軽に参加できるプログラムが定着するように、民博の本館展示、特別展示との関連性を強化していく必要があるだろう。「学習」プログラムとして深化するために、改善すべき点も多い。とはいえ、初回の試みとしては、まずまず成功だったのではなかろうか。

心に触れる鑑賞会

僕が本プログラムを立案する際、ヒントとなったのが「以身伝心」という言葉である。二〇一八年一一月二三日にボーダレス・アートミュージアム「NO－MA」（滋賀県近江八幡市）での鑑賞会を行うに当たって、スタッフの方々と事前打ち合わせを重ねた。この打ち合わせは、僕にとって「博物館」を再考する貴重な機会となった。僕は民博を拠点として、「ユニバーサル・ミュージアム」（UM）の実践的研究に取り組んでいる。もともとUMとは、「誰もが楽しめる博物館」を意味する和製英語である。最近、僕はUMの定義として、次の二つをよく使う。「感覚の多様性が尊重される博物館」「物・者との対話を促す五月蝿《うるさ》い博物館」。以下、この二つの定義について説明しよう。

「見学」という語が示すように、従来の博物館は視覚優位、視覚偏重の生涯学習・社会教育施設であるといえる。いうまでもなく、大量の情報を瞬時に伝えることができる点で、視覚は他の感覚よりも優れている。また本来、絵画などの視覚芸術は、言葉を媒介とせず、「見る」者同士の以心伝心で鑑賞すべきだろう。

古今東西、博物館の展示にとって、視覚は有力な表現・伝達手段であるのは間違いない。問題なのは、その便利な視覚に頼りきってしまう安易さである。見るだけではわからないこととは何か。その代表が「心」だろう。視覚依存の博物館、ひいては社会のあり方を問い直すのが

ＵＭ運動の要諦ということができる。必然的にＵＭでは、見学ではなく、「身を以て心に伝う」鑑賞法が重視される。僕の中で、ＮＯ－ＭＡの展示とＵＭが明確につながった。

「感覚の多様性」を尊重するために、触覚・聴覚で楽しめる展示を増やすのは重要である。今回のＮＯ－ＭＡの展示では、作品そのものに触れるのみならず、立体コピーによる触図、作者のインタビューを収録した音声ガイドなどが用意されていた。一般に、触図をさわって理解するのは難しい。視覚情報を触覚に変換する作業には限界がある。この限界を乗り越えるために、一一月の鑑賞会では能動的な体験を導入した。

触図にさわった印象を自らの手で再現するドローウィング（線描）は、触覚を介して作者と鑑賞者の「心」をつなぐ実験である。また、切り抜いた触図のパーツを人形劇のように手で動かして、想像（妄想）を広げる鑑賞にもトライした。触図パーツを両手で操作する時間に連動して、作品に描かれる人物（男・女）の距離を実感できるのが、この鑑賞法のポイントだろう。

その他、触覚に置き換えるのが困難な絵画作品をラジオドラマ風の音声劇に翻案する試みも、新しいチャレンジとして評価したい。和歌の世界には本歌取りという手法がある。芸術鑑賞でも本歌取り的な試行錯誤が蓄積されれば、「感覚の多様性」への理解・共感はさらに深まるだろう。

ＵＭは「静かに鑑賞する」という博物館・美術館の常識も覆す。多感覚を駆使する鑑賞では、互いの感想を伝え合うのが大事である。視覚・触覚・聴覚、そして五感以外の第六感。鑑賞者が感じたことを自由に口にする。ワイワイ、ガヤガヤと会話が盛り上がるのがＵＭの特徴ともいえる。僕があえて「五月蝿い博物館」と漢字で表記するのは、蝿のように人間も触角をフル活用してほしいと思うからである。例えはあまりよくないが、全身の毛穴から何千本もの手が伸びるイメージだろうか。人間には使っていない、もしくは眠っているセンサー（触角）がたくさんある。聴覚・触覚を刺激することにより、全身の触角を呼び覚ます。これが「五月蝿い」に込めた僕の真意である。

今回の「以〝身〟伝心」展にあって、視覚障害者対応に力を入れたことが、ＮＯ－ＭＡの新たな事業展開として注目される。一人の視覚障害者として、僕はＮＯ－ＭＡが身近な美術館となったことに感謝するとともに、スタッフの努力に敬意を表したい。聴覚や触覚で楽しめる仕掛けを増やす発想は、単なる視覚障害者対応にとどまるものではない。おそらく、一一月の鑑賞会で作品の「心」に触れた健常者（見常者）の多くが、自己の感覚が解き放たれる興奮、物・者との対話の魅力を体感したのではなかろうか。

大切な作品の保存と触察鑑賞をどのように両立させるのか。複雑な絵画・写真の視覚情報をどこまで触図で伝えられるのか。「ユニバーサル」の実現をめざし、引き続き検討を進めていかなければなるまい。だが、とりあえず今はＮＯ－ＭＡの関係者とともに、新たなミュージアムを創造する第一歩を力強く踏み出すことができた事実を素直に喜びたい。

鈍だけど貪、鈍だから貪

さて、冒頭の「どんぐりボール」に話を戻そう。知的障害者たちがオリジナルの野菜・果物を制作する横で、僕は粘土のボールを作った。ボールの中には、公園で拾ったどんぐりを埋め込んだ。どんぐりが外から見えないようにボールの内部に押し込み、全体が真ん丸になるように形を整えた。二十個くらいのどんぐりを入れただろうか。一見するとシンプルな粘土のボールだが、よくよく見ると、表面のひび割れから数個のどんぐりが覗いている。手で持ってみると、通常の粘土の塊よりもやや重い。もしかすると春には、どんぐりに潜む虫が粘土に穴を開けて飛び出してくるかもしれない。虫食いは作品の劣化ではなく、質感のユニークな変化として、積極的に受け止めることにしよう。

どんぐりは、「鈍にして貪、繰り返す」というUMの精神を体現すると、僕は考えている。博物館、社会が変化していくには、時間がかかる。その動きがあまりに鈍いことに、時に僕たちはいらだつ。それでも、「いつか、きっと」と信じて、貪欲に研究と実践を繰り返す。誤解を恐れずに言うなら、社会の多数派の基準からすると、障害者は「鈍」な部分を有している。しかし、障害者は「鈍」だからこそ、「貪」になれるともいえる。いわゆる障害者アートは、鈍にして貪なる独自の感性から生まれた身体芸術なのである。

僕は「どんぐりボール」を握りながら、「鈍だけど貪」「鈍だから貪」と繰り返し心に言い聞かせている。握るという動作が伴うと、「鈍」と「貪」の意義が身をもって感じられる。よし、「どんぐりボール」の質感が変わるころ、また知的障害者向けの学習プログラム企画に挑戦しよう。僕にとっても、ＮＯ－ＭＡにとっても「以身伝心」の探究はこれからが本番である。

３　ある美術展から ― まだ触れぬ沃野を耕すために ―

〝音〟を展示する

二〇一八年一月～五月、国立国際美術館で開館四〇周年記念展「トラベラー ― まだ見ぬ地を踏むために」が開催された。この展覧会はいわゆる現代アート展で、会場には世界各地で活躍するアーティストの作品が並べられていた。ほとんどは映像作品、視覚に訴える展示物だった。「まだ見ぬ地を踏む」というタイトルからもわかるように、本展を観覧すると、二〇世紀とは視覚の時代であったことを再認識させられる。

展示された作品の中に、カナダのアーティストが制作した「大阪シンフォニー」がある。この作品は、〝音〟のみで大阪の街を表現している。来館者は受付でスマホとヘッドホンを受け取り、薄暗い廊下を進む。廊下の各所にはビーコン（無線標識）が仕掛けられている。スマホがビーコンに反応し、来館者各自のヘッドホンから大阪の街のさまざまな〝音〟が流れる。文楽、市場、遊園地、剣道の道場、小学生のおしゃべり……。歩くスピードによって各人各様、〝音〟の聞こえ方が変化するのも楽しい。

たとえば、文楽の〝音〟をゆっくり聴きたいのなら、その場で立ち止まる。すると、約十分ほど文楽の〝音〟を鑑賞できる。立ち止まらずに、すうっと通り過ぎれば、文楽の〝音〟はすぐに消え、大阪の他の〝音〟が流れる。目が見える・見えないに関係なく、来館者が自由に大阪の「音風景」を心に思い描くことができるのが、この作品の魅力だろう。

現代アートと視覚障害者

「大阪シンフォニー」では、視覚障害者が街を歩く〝音〟も使われている。道を歩く時の白杖の〝音〟が随所に挿入される。また、全盲者が単独歩行する際の工夫、雨の日の苦労など、インタビューも収録されている（このインタビューをじっくり聴く来館者は少ないと思うが）。じつは、視覚障害者コーナーの〝音〟は、アーティストが僕の通勤に同行し、録音したものである。舞台は万博公園、二〇一七年一一月末の収録だったので、枯葉を踏み締める〝音〟なども効果的に使用されている。日常的に〝音〟を活用しているのは視覚障害者ではないか。アーティストからこんな指摘を受けた美術館スタッフは、知り合いの僕に協力を依頼したというわけである。

視覚優位・視覚偏重の展示空間の中に、聴覚で味わう作品が一つだけ置かれている。これは今日の美術館の状況を象徴しているともいえる。ちなみに、「トラベラー」において触覚に訴える作品、さわることができる展示物は皆無だった。一〇年後の開館五〇周年記念展では聴覚、さらには触覚で体感できる作品がどれくらい増えているのか。美術館が視覚優位・視覚偏重の二〇世紀的な常識を脱却するためには、日々の暮らしで聴覚・触覚を駆使している視覚障害者が、展示企画に積極的に関わることが不可欠だろう。

たかが一つ、されど一つ。まさに、「まだ見ぬ地を踏むために」、あえて視覚を使わず、聴覚に集中する作品が展示された意義は大きい。「大阪シンフォニー」は今後の美術館のあり方、現代アートの可能性・多様性について来館者が能動的に考えるきっかけとなったのは間違いない。そして、この作品の中に、視覚障害者が創る〝音〟がさりげなく登場することも評価したい。大阪の街を構成する種々雑多な〝音〟の一つとして、視覚障害者の存在がごく自然に位置づけられているのである。

手段のためには目的を選ばず

時にアートは言葉や文字とは違う形で、新たな世界観・人間観の形成を促す。従来の障害者運動は明確な目的に向かって、具体的かつ現実的な手段を模索してきた。しかし、目的に束縛されると、運動の柔軟性がなくなってしまう。運動が硬直化した時は、目的と手段を入れ替える発想も必要なのではなかろうか。たとえば、視覚障害者がアートに親しむ、つまり美術作品を鑑賞・制作できる多彩な手段を検討する。そこから、結果的に世間一般の障害理解が進む。逆に、目的とは想像力と創造力によって「目に見えない世界」を表現するのがアートである。目に見えるものから離れる意味でも、視覚障害者は「手段のためには目的を選ばず」という思考を大切にしなければなるまい。

おそらく、「大阪シンフォニー」を制作したアーティストは、障害理解という目的はまったく想定していなかっただろう。だが、この作品は結果的に視覚障害者が存分に楽しめるものとなった。また、視覚に依拠しない生き方（行き方）の豊かさを来館者に伝える点でも、「大阪シンフォニー」は成功している。耳から全身に入り込む大阪の「音風景」、目に見えない街の活気を体感しつつ前進する。「大阪シンフォニー」は単なる美術作品という枠にとどまらず、二〇世紀的な障害者運動の閉塞を打破する起爆剤でもあるのかもしれない。僕にはそう感じられた。

第7章　さまざまなる美術鑑賞

1　副触図 ― 新たな絵画鑑賞の可能性を拓く ―

三次元から二次元へ

世界各地の美術館では、視覚障害者対応、バリアフリー的な取り組みとして、彫刻作品を触察するプログラムが実施されている。立体物の触察は制作プロセスを追体験する行為でもあり、目が見える・見えないに関係なく、万人が楽しめる美術鑑賞だといえる。晴眼者が彫刻作品にさわり、「目で見るだけでは気づかないこと」を発見するケースも多い。僕は二冊の編著『さわって楽しむ博物館』（二〇一二年）、『ひとが優しい博物館』（二〇一六年）を通じて、日本における「さわる展示」の事例を収集・分析してきた。拙編著でも、立体作品の触察は多角的に論じられている。

近年の美術館では、視覚障害者がどうやって二次元の絵画作品を鑑賞するのかが、大きな課題としてクローズアップされるようになった。視覚障害者が絵画を鑑賞する代表的な方法として、次の二つを挙げることができる。①言葉による解説を聴く。②触図にさわる。以下では、それぞれのメリットと問題点を指摘しよう。拙文がミュージアムにおいて、視覚障害者に対する「合理的配慮」を考えるきっかけになれば幸いである。

言葉による絵画鑑賞

言葉による鑑賞は、映画の副音声解説に類似している。視覚芸術の絵画を言葉のみで描写するのは難しい作業であり、解説役を担う晴眼者は自身の言語感覚を磨かなければならない。視覚障害者は複数の晴眼者の解説を比較・統合することにより、絵画の全体像を心に描く。この点も、映画の副音声と同じである。一般に、絵画鑑賞では多様な解釈が許容される。晴眼者でも、人によって解説の内容は異なる。そんな個性豊かな解説を聴き比べることができるのは、視覚障害者の役得だろう。

言葉による鑑賞の問題は、視覚障害者の情報入手が受動的になってしまう点である。映画には出演者の声、背景音など、多彩な聴覚情報が含まれている。視覚情報が得られない分、目の「不自由」な人は、聴覚情報を「自由」に組み合わせて、自分なりに画面を想像・創造するのである。絵画作品には声・音のオリジナル情報がないのが、映画との最大の相違だろう。

言葉による鑑賞は、一部の中途失明者には好評である。絵画を見た経験の有無によって、この鑑賞法の成否が決まる。さまざまな絵画を過去に見たことがある中途失明者なら、言葉による解説を聴いて、作品の細部をイメージできるだろう。一方、僕を含め、早い時期に失明した人は、そもそも絵画を見た経験が乏しい。僕が言葉による解説を聴いても、「そうですか、なるほど」という表面的な理解で終わってしまうことが多々ある。

言葉による鑑賞では、「晴眼者＝解説者」「視覚障害者＝受け手」という役割が固定されていることにも疑問・不満を抱く。言葉による絵画鑑賞会に参加した晴眼者は、「視覚障害者の意表を突く質問により、漠然と見ているだけでは気づかない点に注目することができた」という感想を述べる。たしかに、あの手この手を用い、目の「不自由」な人に絵画の状況説明をする創意工夫、言語化の過程を経て、晴眼者が新たな「絵」に出合うのは間違いない。ただし、常に鋭い質問を投げかけることを期待される視覚障害者の中には、プレッシャーを感じる人もいるだろう。静かに、自分のペースで絵画鑑賞したい視覚障害者がいることも忘れてはなるまい。

触図制作の課題

次に、触図について概説しよう。触図とは、視覚情報の触覚への変換、翻案である。視覚障害教育の現場では、理科・社会科などの教科書を中心に、触図が活用されている。絵画・地図・写真など、巷にあふれるグラフィック情報に視覚障害者がアプローチする手段として、触図は有効だろう。触図をさわる鑑賞法の利点は、視覚障害者の能動性である。言葉による解説とは違い、視覚障害者は自分の好きなスタイルで触図を味わうことができる。晴眼者との対話型の鑑賞会において、触図があれば、視覚障害者が主体的に発言することも可能となる。「晴眼者＝解説者」「視覚障害者＝受け手」という図式を崩し、絵を見る人、さわる人の異文化間コミュニケーションの場を拓くのが触図の強みといえる。

触覚には、聴覚とは異なる回路で「体内に入り込む」作用がある。たとえば、触図に描かれた「道」を指先でたどってみる。すると、鑑賞者は実際に道を歩いている身体感覚を持つ。指の動かし方によって、歩くスピードを変えることもできる。触覚情報を獲得するに当たって、人間は手・指を動かすことが多い。これは、視覚・聴覚にはない特徴である。身体動作を伴うため、触覚情報は記憶に残りやすい性質を有している。視覚障害者・晴眼者の対話型鑑賞会でも、触覚的な要素を取り入れれば、文字どおり記憶に残る体験ができるに違いない。ここまで記述してきたように、触図には言葉による鑑賞の欠点を補う機能がある。しかし、美術館が鑑賞ツールとして触図を導入する場合、以下の二つの問題があることに注意すべきだろう。

① 誰が触図にさわるのか

昨今は視覚障害者のパソコン利用が一般化し、「点字離れ」が進んでいる。以前は読書や学習など、視覚障害者の情報伝達手段として、点字は不可欠だった。だが近年の技術革新、とくにパソコンの画面読み上げソフトの充実により、視覚障害者の情報環境は激変した。現在では点字を介さずに、パソコンのキー操作でインターネットにアクセスすることが日常化している。点字を読めなくても（読まなくても）、視覚障害者が社会参加できるようになったのは、時代の進歩として歓迎すべきだろう（なお、各種ＩＣＴ機器が普及した現在でも、自らの手で能動的に読み書きできる点字は、視覚障害者にとって不代替の文字文化であることを付言しておく）。

中途失明者は、概して点字の触読が苦手である。個人差もあるが、中年以降に失明した人は触覚が鈍化しており、点字の習得が困難だとされている。触図を理解するためには、点字の触読よりも上級のテクニックが求められる。視覚障害者は触図にさわり、指先がとらえた点の情報を線にして、面へと広げていく。この人間ならではの知的作業は、パズルに似ている。パズルのピースを組み合わせる試行錯誤には、時間と根気が必要である。点字の触読をマスターできた中途失明者も、異口同音に「触図はわからない」と主張する。

せっかく美術館が点字パンフレット、触図資料を準備しても、利用者が少ないという話をよく聞く。いうまでもなく、ユーザーが少ないから価値がないというのは暴論である。触図の制作者は、「視覚障害者がさわりたくなるような絵」をめざすべきだろう。点字を読むのは触学の側面が強いが、触図による絵画鑑賞では触楽の要素が大切である。「点字は苦手だが、触図は好き」という中途失明者が、美術館から育つことを願っている。

② 誰が触図を創るのか

視覚障害者用の教科書の触図は、盲学校の教員、点字出版所の職員が意見と技術を出し合い制作される。触図の原版作成、校正では、視覚障害の当事者が「さわって確かめる」作業が必須である。最近では大・中・小の点を組み合わせる「点図」をパソコンでデザインし、点字プリンタで簡単に打ち出すことができるソフトも汎用化している。また、点のみではなく、多種多様な線、面の触感を表現できる印刷技術も開発された。

昨今、鉄道駅などの公共施設では、視覚障害者用の触知案内板が設置されるようになった。博物館・美術館でも、館内案内用の触知図（触地図）を導入する例が増えている。世間に流布する点字パンフレット、触知案内板の中には、当事者が「さわって確かめる」ステップを経ぬまま納品される粗悪品も目立つ。こういった粗悪品は「蝕知図」と呼ぶべきだろう。僕は街中で間違った点字表記、未熟な触図に出合うと、複雑な気分になる。蝕知図の製造業者には今一度、「誰のための触図なのか」という原点を確認していただきたい。一方、触知案内板のユーザーは粗悪品を駆逐するためにも、「わかりやすい点字・触図」のあり方を具体的に提案していかなければならないだろう。

「創・伝・使」の対話から生まれる副触図

美術鑑賞で用いる触図は、わかりやすいというだけではなく、想像力を刺激する「感動・共感の絵」であってほしいと僕は考える。微妙な色遣い、遠近感など、絵画に含まれる視覚情報は多岐にわたっている。それらすべてを触覚情報に置換するのは不可能である。絵画は、見ることを前提として描かれる。それをさわって理解しようとする試みには、限界があることを明記しておかねばなるまい。しかし、限界があるからこそ、挑戦を続けるのが人間の本能だろう。僕は、「絵にさわる」実験を積み重ねていけば、新たな美術鑑賞の地平を拓くことができると信じている。

一般に、触図は「似顔絵」のようなものだといわれる。点と線の凹凸のみで伝えられる情報はわずかである。絵画を触図に変換する際、何を取り上げ、何を捨てるのかを慎重に検討しなければならない。最初に原図をじっくり見て、そこに表出されるエッセンスを読み取る。次に、その視覚情報をどうやって、どこまで触覚的に表現できるのかを精査する。触図制作のノウハウは、点字出版所などに長年の蓄積がある。とはいえ、触図の掲載事項はケース・バイ・ケースで取捨選択するので、単純なマニュアルを作ることはできない。

おそらくアーティストや学芸員は、触図で伝えられる情報量があまりに少ないことに戸惑いと失望を感じるだろう。だが、「少ない材料から多くを生み出す」のが触図の要諦である。シンプルな素材で、何を、どう触図化するのか。この点を真剣に吟味する「最小化＝最大化」のプロセスは、美術鑑賞の意義を探る知的冒険でもある。美術鑑賞に適した「感動・共感の触図」を具体化するためには、以下の三者の相互交流（接触と触発）が重要だろう。絵を創る人（アーティスト）、絵を伝える人（学芸員、盲学校・点字出版所の関係者）、絵を使う人（触図ユーザー＝視覚障害者）。「創・伝・使」のベクトルが融合された時、斬新でユニークな触図が誕生する。「創・伝・使」を担う三者の対話そのものが、触覚による美術鑑賞の沃野を耕す実践的研究となるのは間違いない。

繰り返しになるが、触図で伝えることができる情報は、絵画の一部である。必然的に、言葉による解説を併用し、触図の不備を補足することになる。僕は視覚芸術に新たな魅力を付与する（副える）ことを意図し、美術鑑賞で使われる触図を「副触図」と名付けている。副触図は、視覚障害者用のものである。しかし、副触図の触感にアートを感じる晴眼者がいてもいいのではないか。副触図は、万人の「心に触れる」普遍性を指向すべきだろう。絵画を見る人、さわる人が互いの持ち味を発揮できる鑑賞会が各地の美術館で開かれるよう、最新の研究成果を民博から発信していきたい。

2　そこに宮本武蔵がいる！ ― 間島秀徳作品に触れる ―

武蔵との出会い

そこに武蔵がいた。武蔵は僕の眼前で昼の定食をうまそうに食べながら、優しく語りかける。「ここの飯はおいしいんだよ」。全盲の僕は、眼前にいる武蔵の姿勢、表情を見ることができない。正確に表現するならば、「眼前に武蔵がいる」ではなく、「顔前に武蔵がいる」と言うべきだろうか。目に見えないからこそ、顔前にいる武蔵は、僕の中で四〇〇年前の宮本武蔵と鮮やかに重なり合う。今、ここにいる武蔵は誰なのか……。

視覚障害者にとって、自身の顔は外界を捕捉するセンサーである。考えてみると、顔には人間の五感が集中している。顔面がとらえる風、温度などは広義の触覚情報といえよう。全盲者は、額で壁・柱などの障害物を把握するといわれる。障害物知覚では、反射音（聴覚）が重要な役割を果たすことが科学的に実証されている。だが、僕の実感では「額に第三の目がある」と言われる方がしっくりくる。

眼前にある美術作品と向き合う時、人は目だけではなく、顔で鑑賞すべきだろう。なぜならば、作家は自己の五感を総動員して作品を完成させているのだから。僕は美術鑑賞する際、顔をまっすぐ作品に向ける。面の皮が厚いだけの僕の顔は冴えないものだが、作品と対峙する頭・

心は徐々に冴え渡る。視覚を使わない、視覚だけに頼らない美術鑑賞法を僕は「無視覚流」と呼んでいる。視覚障害者である僕が日常的に親しんでいる無視覚流美術鑑賞法。このユニークな顔前体験を見常者にも楽しんでもらいたい。こんな思いを持って、僕は各種ワークショップ、展覧会を企画・実施している。視覚優位、視覚偏重の「美術」のあり方を根本から問い直すことができれば！　などと、ずうずうしくも夢想する僕は、やはり面の皮が厚いのだろう。

武蔵に話を戻そう。僕に無視覚流絵画鑑賞の可能性を教示してくれたのは我が武蔵、間島秀徳氏である。二〇一四年七月、僕は初めて間島さんの作品にさわった。その時の衝撃（絵との接触、絵からの触発）は忘れることができない。間島作品を触覚で味わう経験により、三次元の立体物を対象としてきた無視覚流鑑賞が、二次元作品にも通用する自信を得た。展覧会場で、自己の作品の前に屹立する間島さんは厳しい求道者、まさに宮本武蔵のイメージだった。作家の気魄、生命エネルギーがビンビンと僕の顔に伝わってきたことを鮮明に記憶している。

あれから三年。二〇一七年九月三〇日のイベントの打ち合わせを兼ねて、僕は間島さんのご自宅、アトリエを訪問した。久々に再会した間島さんは、優しく、穏やかな印象だった。そよ風に包まれるような清々しい気分。間島さんと過ごした数時間はじつに心地よかった。この三年の間に、間島さんの作風、生活環境は変化しただろうし、僕の無視覚流ライフも多少なりと進化・深化していると思う。そんな二人が再び、作品を前にして向き合う。どんな「気」の対話が始まるのか、僕自身もたいへん楽しみである。

宮本武蔵は巌流島で佐々木小次郎を倒した後、ひたすら己の内面を錬磨する修行に入る。その成果が最晩年の『五輪書』に結実する。『五輪書』は、他者との戦いから、自己との闘いへと移行する武蔵の思想遍歴の書ともいえるだろう。武道を趣味とする僕は、これまでに三回、『五輪書』を精読したことがある。二十代のころ、居合道を習い始めた僕は、大きな期待を持って『五輪書』を手に取った。しかし、当時の僕にとって『五輪書』は単なる剣の技術書でしかなく、その深意を理解することができなかった。

『五輪書』を再読したのは三十代半ばである。そのころ、僕は合気道の道場に通っており、わずかではあるが、身体動作（体捌き）などの論述箇所で、武蔵の主張に共感することができた。とくに、「見の目」（部分・現象）と「観の目」（全体・本質）を区別する武蔵の兵法論には勇気づけられた。とはいえ、相変わらず『五輪書』は三十代の僕にとっても、武芸・武術の実践書というレベルにとどまっていた。その一方で、『五輪書』から現代を生きるヒント、処世訓を強引に導き出そうとする「知識人」の解説本には、違和感と反発を覚えたものである。

間島武蔵の作品を鑑賞するに当たって、五〇歳となった僕は、あらためて『五輪書』を読み返してみた。合気道を始めて二〇年以上が経過したが、僕程度の実力では、武蔵の心技体の境地を実感するのは難しい。剣の技術書としての『五輪書』は、僕が永遠に近づくことができない奥義について述べているのかもしれない。「三度読んでもわからないのか」という徒労感にとらわれたのは事実だが、今回は『五輪書』の底を流れる精神に少しだけ迫ることができたような気がしている。難解な理論を学ぶためには、その理論を他分野に応用してみるのもいいのではないか。武芸・武術の極意書である『五輪書』が難解ならば、それを美術鑑賞に応用してみるのはどうだろう。『五輪書』がわからなくても、『五輪書』を活かすことはできるはずである。

僕の顔前にいる間島武蔵は、無言で僕に気によるメッセージを送る。「さあ、どうだ。無視覚流で私の作品を鑑賞できるのか」。それは優しくも厳しい問いかけである。ならば、受けて立とうではないか。『五輪書』から得たインスピレーションを武器として、新たな絵画鑑賞の沃野へ斬り込んでいこう。以下では、『五輪書』の構成に即して、無視覚流美術鑑賞法の要点をご紹介する。今後、間島武蔵とともに、この鑑賞法を確認・検証するつもりである。

制作者としての武蔵、鑑賞者としての武蔵

①　地

美術作品はどんな場所で生まれるのだろうか。制作の現場を知るのが〝地〟である。間島アトリエを取り巻く豊かな自然環境が、彼の作品にさまざまな影響を与えているのは間違いない。間島さんはアトリエで五感を研ぎ澄まし、身体を動かして作品を仕上げる。彼

のアトリエは森の木々、古墳、湖に囲まれている。鳥や虫の鳴き声が想像力を刺激する。そのような〝地〟の波動を鑑賞者が体感することにより、作品理解が深まるのは確かだろう。

②　水

間島作品の最大の特徴は、水の流れである。作品の流れは、時空を超えて、鑑賞者の体内に入り込む。この感覚は、触覚を駆使することで、よりリアルなものとなる。両手を前後・左右へとダイナミックに移動させて、作品の流れを追いかける。手のひらは、石・砂などの粒子の集合体、全体的な配置をとらえるのに適している。一つ一つの粒の位置関係を確かめるには、指先を使用するのがいいだろう。水は時にゆっくり、時に激しく流れる。そして、自由かつ柔軟に形を変えることができるのが水の魅力である。粒子の流れに沿って、自分の身体をゆっくり、激しく動かしてみる。自身が水となり、手を介して作品とつながる。そんな気分に浸るのも楽しいだろう。

③　火

『五輪書』の「水の巻」「火の巻」は、実利・実用編の中心部である。宮本武蔵は「水の巻」で剣の具体的な使い方を説明した後、「火の巻」では敵に勝利するための手段を列挙している。そもそも、なぜ間島作品を触察するのかといえば、絵画の表面がゴツゴツ、ザラザラしているからである。画面の手触りは鑑賞者の身体を通り抜け、地球、宇宙へと伸びていく。ゴツゴツ、ザラザラの隆起に手を置き、作品に宿る生気、活力を感じてみよう。最初はひんやりとした鉱物の触感も、じっと手を置くうちに体温と同化し、温かく、熱くなる。盛り上がる粒子から、人類、宇宙の歴史を掘り下げる。流れる〝水〟は水平、燃える〝火〟は垂直方向のエネルギーを表すと総括できる。

④　風

〝水〟と〝火〟は、作品そのものをストレートに鑑賞する作法・技法である。一方〝風〟は、作者である間島さんの人となりを知ることから作品にアプローチする方法といえる。間島「風」の絵画制作法が確立するまでに、彼はどのような勉強をし、どんなアーティストの指導を受けてきたのか。他の日本画家との違いは何か。なぜ絵画を描き続けるのか。いわゆる5W1Hで、間島さんに尋ねてみたいことはたくさんある。

しかし、あくまでもアーティストは作品で勝負するのが本筋だろう。〝風〟を意識せず、まずは間島作品と虚心坦懐に向き合うのが肝要である。もちろん〝地〟や〝風〟の知識は、鑑賞の手助けとなるのは確かだが、それらに頼りすぎると、鑑賞者と制作者の真剣勝負（本気のぶつかり合い）ができなくなってしまう。九月三〇日のイベントを前にして、あえて僕は過去の間島作品評などを読まなかった。無視覚流は、無資格、すなわち常識にとらわれない融通無碍なる感性から始まると信じている。

⑤　空

宮本武蔵の〝空〟の理想は、「剣を持って、剣を忘れる」「構えあって、構えなし」と表現される。美術鑑賞に置き換えると、「作品あって、作品なし」となるだろうか。迷いを超越し、天理（自然）に従うのが〝空〟であるともいえる。美術鑑賞の究極の目的は、鑑賞者と制作者（作品）の気の往還、さらには自分の内面との対話に至ることである。宮本武蔵が他者との戦いから、自己との闘いに移行したように、美術鑑賞も、鑑賞者の内面に何らかの気づきをもたらす「インナー・トリップ」であるべきだろう。目に見える絵画から、目に見えない心へ。作品（制作者）の心に導かれ、自身の心を耕す。目に見えない〝空〟の領域へと入り込むきっかけとして、触察は最適の鑑賞法なのである。

以上の五つをまとめると、〝地〟〝風〟は頭、〝水〟〝火〟は体、〝空〟は心による鑑賞であるということができる。〝空〟は美術鑑賞の最終ゴールであり、未熟な僕にはまだ十分論じることができない。とはいえ、〝地〟〝水〟〝火〟〝風〟を組み合わせ、積み上げていけば、〝空〟に近づくことができるのは間違いないだろう。九月三〇日のイベントでは、参加者全員に〝水〟〝火〟の鑑賞法を試していただきたい。宗教学では、「火＋水＝カミ（神）」という説がある。さあ、あなたは間島作品の「粒の流れ」「粒の隆起」から神を想像・創造することができるだろうか。

二〇一六年、僕は兵庫県立美術館の企画展において、「つなぐ・つつむ・つかむ」という無視覚流彫刻鑑賞法を提案した。各キーワードは次のように定義している。

・つなぐ＝パズルを組み立てる創造力（手を上下・左右・前後にゆっくり動かし、点を線、面、立体へと拡げて、作品の全体像を頭で描く）
・つつむ＝者・物が重なり一体化する感応力（手を作品の上に優しく置き、さわる人、さわられる物が持つ熱の相互作用、主体・客体の区別がなくなる境地を心で楽しむ）
・つかむ＝目に見えない部分をとらえる洞察力（制作者の思いを想像しつつ、手をダイナミックに動かし、下から上、内から外へと流れる作品のエネルギーを体で味わう）

今回は、この「つなぐ・つつむ・つかむ」を発展させて、無視覚流絵画鑑賞法を公表するのが僕の狙いである。上述の〝水〟は「つかむ」に、〝火〟は「つつむ」に相当するといえよう。間島作品では、大きな画面上に石・砂の固まりが点在している。それは海に散らばる島、空に浮かぶ雲にも例えることができる。海には海流があり、空には気流がある。島・雲を手でつつみ、海・空の雄大な流れをつかむ。これが〝火〟＋〝水〟の絵画鑑賞の極意だろう。画面に広がる島・雲を手探りし、大海・大空を思い描くのが前述の「つなぐ」に当たる。

「つなぐ」行為は、自己の内面への旅、「インナー・トリップ」にふさわしい。間島作品をさわる際、石や砂の粒子の剥落には注意すべきである。作者の気を大切にするのなら、作品の取り扱いには気をつけなければなるまい。両手をダイナミックに移動させる〝水〟は、作品の破損を惹起する危険がある。不特定多数の人が作品にさわる場合、資料保存の観点に立脚し、「点をつなぐ」触察方法を推奨したい。手のひらが触れた点の情報をしっかり記憶し、次の点に移る。手を点線のように動かし、触覚情報を増やしていく。これが〝火〟と〝水〟を融合した無視覚流絵画鑑賞法の「つなぐ」（間島バージョン）である。

〝地〟〝水〟〝火〟〝風〟の準備は整った。制作者が武蔵ならば、鑑賞者も武蔵であるべきだろう。僕は己の非力を省みずに、無視覚流鑑賞者の代表として、間島武蔵に挑もう。この勝負の先に、制作者と鑑賞者が共創（協奏）する〝空〟の解放感、達成感があることを確信して！

3　「未開の知」の探険へ

絵画の魅力に触れる

「どんな時代においても、人間の最高の幸福は、新しい発見に参加することであっ

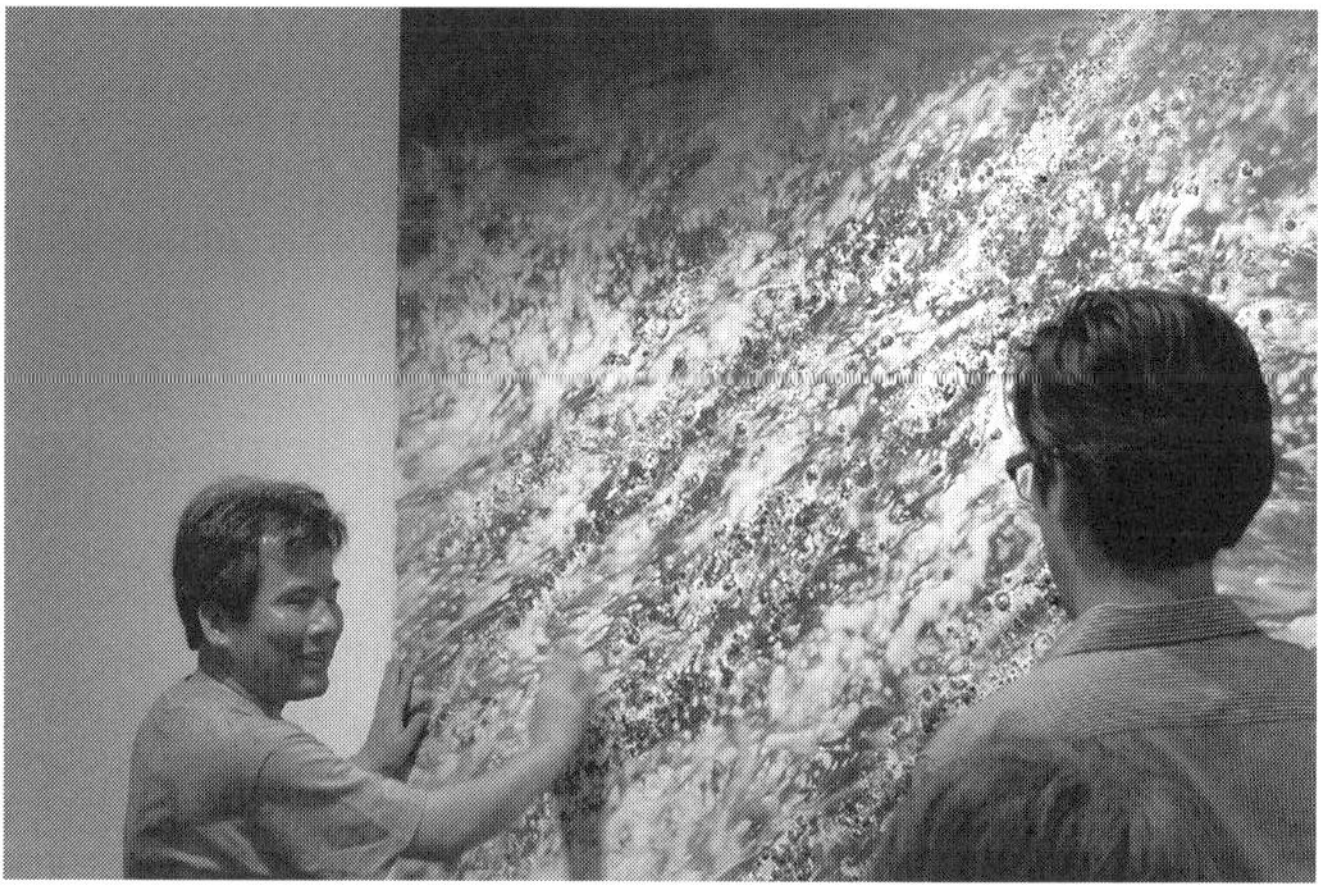

2014 年 7 月、銀座のギャラリーの鑑賞会で初めて間島作品に触れる。

ゴツゴツ、ザラザラの手触りからは、古事記の国産み神話が連想される。

た」。これは一九六一年、世界初の有人宇宙飛行に成功したユーリイ・ガガーリンの言葉である。二〇一九年五月、僕は八ヶ岳美術館で間島秀徳氏の絵画作品に触れた。僕が間島作品に接する際、いつも頭に浮かぶのがガガーリンの名言である。そもそも、人間にとって発見とは何なのか。単純に考えると、発見とはさまざまな事物を「見つける」ことである。では、全盲の僕が「発見に参加する」とは、どんな現象なのだろう。視覚的に何かを「見つける」ことが困難な視覚障害者は、じつは見常者よりも発見の機会に恵まれているのではないか。僕はそう感じる。

間島作品を鑑賞する見常者は、まず絵画が持つ迫力に圧倒される。細部の技法を発見する以前に、絵画の全体像が瞬時に目に飛び込んでくる。間島作品は大自然、宇宙を表現したものといわれるが、天地創造のエネルギー、森羅万象の生命力が目を通して鑑賞者の全身を揺さぶる。文字どおり心を震動させる、琴線に触れるという意味で、間島作品の鑑賞は触覚的な体験といえるだろう。

それでは、目の見えない僕が間島作品を鑑賞する場合、見常者と何が、どのように異なるのか。僕には間島作品の全体像を視覚的に認識することができない。見常者が味わうような迫力を実感するのは難しい。僕は間島作品の上に手を置き、その手を優しく、ゆっくり動かしていく。手のひらがとらえる点は線となり、面を形成する。僕が動かす手の先に何があるのかは見えない。手を動かすことによって道ができる。前後・左右・上下へ大胆かつ細心に手を伸ばす。手は画面上を縦横に動き回り、「先が見えない」散歩を楽しむ。視覚を使わずに、手のみを移動させて絵画を把握する鑑賞法は、発見に満ちているともいえよう。僕は発見の喜び、興奮を求めて、間島作品を触察しているのかもしれない。

最近、僕は発見の代わりに、「発建」という造語を使用するようになった。発見は視覚に限定されがちだが、「発建」は五感を総動員する人間ならではの知的行為である。間島作品を鑑賞する時、僕は両手のひら、さらには指先を駆使して、絵画の全体像を創り上げる。僕が描く全体像は不完全で、時には実物（視覚的なイメージ）からかけ離れていることもある。しかし、点の情報を積み重ねて、線、面へと広げていく想像力・創造力こそが大切なのではなかろうか。ピースを組み合わせて立体物を建てる作業になぞらえて、僕は視覚に依拠しない鑑賞法のキーワードとして「発建」を用いている。

幸か不幸か、全体像が見えてしまう見常者が発見・発建の感動に出合うチャンスは意外に少ない。だからこそ、僕は時に目をつぶり、見常者が間島作品に対峙する無視覚流鑑賞を提案・推奨している。スケールの大きな間島作品を鑑賞するに当たって、視覚を使わないのは邪道と感じる人も多いだろう。だが、正道では得られない発見・発建をもたらすのが邪道である。間島作品が触覚に訴える絵画であることを証明するためにも、一人でも多くの見常者に無視覚流鑑賞を試していただきたい。僕はそう切望する。

絵画鑑賞とは探険なり

ガガーリンの名言に刺激されて、ふとこんな迷言を思いついた。「発建とは、偏見を点検し、真剣に探険することから生まれる」。そして、発建は人間を頑健にする」。間島作品に触れる際、僕が想起するのは「探険」という語である。どんなに注意深く手を動かしたとしても、作品表面の細かい石の粒が剥がれ落ちる事故は避けられない。そんな事故が発生しないように、優しく、ゆっくり手を動かしていると、雪崩や落石に用心しつつ一歩ずつ前進する探険家の気分となる。探険には、常に臨機応変の柔軟な思考が必要である。命の危険と隣り合わせとなることで、探険家は生きる意味を自問自答する。命がけの絵画鑑賞というのはやや大げさだが、間島作品に触れる際、僕は生きる意味を真剣に模索する探険家でありたいと願っている。

無視覚流の探険家をめざす僕は二〇二〇年の秋、国立民族学博物館の特別展を担当する予定である。展示のテーマは、「ユニバーサル・ミュージアム」（誰もが楽しめる博物館）。視覚障害の有無に関係なく、すべての来場者が展示資料に自由に触れることができる展覧会である。この特別展において、間島作品を展示する計画を進めている。これまで、単発のイベントで間島作品に触れる企画は何度か試みられてきた。しかし、不特定多数の来場者が三か月間、間島作品に触れるのは初めての挑戦である。僕は、「優しく、ゆっくりさわる」という触察マナーを宣揚するシンボル的な展示物として、間島作品を活用したいと考えている。

たくさんの人が長期間、間島作品にさわれば、絵画の表面の質感が変化することが懸念される。先述したような剥落の事故が多発するのは間違いないし、手垢で全体が黒く変色してしまうだろう。一般に博物館では、資料保存の観点から、さわることはタブーとされてきた。さわることによって生じる資料の変化は、汚損・破損とされる。たしかに、貴重な資料を後世に伝えていく保存の発想は重要である。

ここで保存と探険の関係を多角的に考察してみよう。人類は古今東西、探険を繰り返し、未開の地を踏査してきた。足裏が未開の地を踏むという点で、探険は触覚的な経験だといえる。ガガーリンの先駆的な事例を挙げるまでもなく、その探険は二〇世紀後半以降、宇宙に及んでいる。探険とは、自然・宇宙を破壊するものではない。自然・宇宙環境を保護し、動植物との共存・共栄の道を探るのが探険の眼目である。地の探険は、知の探険に通じる。グローバル時代と称される現在、地球上に未開の地はなくなったが、人類にとって「未開の知」は永遠に存在し続ける。そんな「未開の知」の沃野を耕すのが二一世紀の探険なのである。

間島作品の触察鑑賞によって、絵画はどのように変化するのか。それは、特別展での実験が終わるまで、誰も予想できない。既存の道がないから、未知への好奇心が僕たちを突き動かす。「すばらしい絵画の視覚世界を穢さないでほしい」「間島作品の劣化を惹起しかねない触察は、温暖化による異常気象、大気汚染のようなものだ」。こういった批判を僕にぶつける見常者もきっといるだろう。だが僕は期待する、間島作品の触察鑑賞は、二一世紀の人類が「未開の知」にどう向き合うのかを問いかける試金石になるのではないかと。

人間が日々生活することで、自然環境は否応なく変化していく。人類は知恵を絞り、万物共生の可能性を探究する。「さあ、あなたは間島作品、すなわち大自然、宇宙を目の前にして、どのように生きる（触れる）のですか」。僕は、このシンプルで根源的な問いを特別展の来場者に投げかけてみたい。

特別展終了後、汚損でも破損でもない間島作品の新しい魅力が発見・発建できると僕は信じている。間島作品に宿る天地創造のエネルギー、森羅万象の生命力が、手を介して来場者の身体へ注入される。その波動は個々の人間の精神を頑健にし、優しく、ゆっくり人類を次なる「未開の知」の探険へといざなうに違いない。

「発建とは、偏見を点検し、真剣に探険することから生まれる。そして、発建は人間を頑健にする」。

4　なぜ僕は彫刻にさわるのか

触察は人生の縮図なり

なぜ僕たちは彫刻にさわるのか。いや、さわらなければならないのだろうか。最近、僕は「無視覚流鑑賞」と称して、アイマスク着用で彫刻に触れる展覧会、ワークショップを各地で積極的に行なっている。先の問いに対し、僕は以下のように答える。さわらなければわからないこと、さわると、より深く理解できることがあるから。アイマスクは「視覚を使わない」状態を創り、「触」に集中するための装置ということになる。本節では「歩く」「掛ける」をキーワードとして、さわらなければわからないこととは何か、じっくり考えてみたい。

二〇一九年二月、僕は英国に出張した。今回は単独での渡英だったので、現地での移動はタクシーを使うことが多かった。タクシーや電車に乗っているだけでは、視覚障害者は街の雰囲気を味わうことができない。タクシーや電車による移動は、言葉による絵画鑑賞に似ている。見常者が絵画の情景説明をしてくれると、その作品の内容、構図をなんとなく知ることができる。対話が盛り上がれば、見常者・視覚障害者の両方にとって、鑑賞は有意義なものとなる。ただし、絵画を直接見ることが困難な視覚障害者にとって、言葉のみの鑑賞は実感を伴わない。また、少し意地悪な言い方になるが、言葉による鑑賞をするだけなら、わざわざ美術館に足を運ぶ必要があるのか。自宅で画集を前に対話するのと大差がないようにも感じる。同様に、景色を見ることができない視覚障害者には、電車やタクシーでの移動なら、日本にいてもイギリスにいてもほぼ同じといえるだろう。

そんなわけでイギリス滞在中、ホテル周辺を一人で歩いてみることにした。ロンドン到着直後の初日の夜、僕はホテルのフロントで最寄りのレストラン情報を集めた。幸い、僕が泊まったホテルは大きな鉄道駅に近く、二〜三分歩けば、商店街に出ることができるらしい。「迷ったらどうしよう」という心配よりも、「とにかく、おいしい物が食べたい」という好奇心（単なる食欲）が勝っているのはいつものことである。

僕はホテルの住所が書かれたカードをポケットに入れ、白杖を片手に文字どおり「見知らぬ街」に繰り出す。路地を一つ過ぎて、次の大きな道を右に曲がる。二〇〇メートルほど歩けば駅なので、人がたくさんいる。その辺にレストランもいろいろあるから、誰かに尋ねてごらん。これがホテルのフロントで得た力強い（?）アドバイスである。僕は「まだ見ぬレストラン」に向かって、ふらふら前進する。時々歩道の幅と自身の位置を確かめるために、杖を大きく左右に振ってみる。蛇行しながら、よたよた前（時に横や後ろ）に進む視覚障害者は、周囲の見常者からすると、かなり危なっかしい。実際に、「大丈夫か」「どこへ行くのか」など、何度か声をかけられる。どうやら紳士・淑女の国であるイギリスは、日本よりも親切な人が多いようだ。

さて、行き交う人が増えてきた。僕は歩行者を呼び止め、「この辺にレストランはないか」「どんな料理でもいいんだけど」と質問する。初日はわりと順調にイタリア料理店に入ることができた。このレストランの場所をなんとなく記憶し、二日目には少し先まで歩いてみる。こうして、僕はホテル周辺のレストランマップを自分の足で創っていった。僕が描くホテル周辺図は、見常者が用いる一般的な地図に比べ、じつにシンプルである。目印となる店舗や建物の名称はほとんど書き込まれていない。一方、路面の微妙な凸凹、音やにおいが断片的に記録されている。かすかにカレーのにおいがしたら、その先を左に曲がる。駅の構内アナウンスが聞こえたら、さらに五十歩ほど進む、などなど。

ホテル宿泊中、僕が歩いた範囲はそんなに広くない。もっとも遠くまで行った日も一〇分、一キロ弱の一人歩きだったと思う。見常者の視点・視野からすると、この時間、距離は短い。だが、重要なのは量ではなく質だろう。無視覚流まちあるきは、僕にとって「冒険」と呼べるものなのである。どうにかこうにかたどり着いたレストランで、店員にメニューを読んでもらって料理を選ぶ。はらはら、どきどきしながら料理を待つ。こうして食べる料理の味は格別である。この味を体験したくて、僕は「冒険」を続けているともいえよう。

視覚障害者が単独歩行する際、目の前の道は見えない。つまり、自分が歩くことによって道ができる。前後・左右にぶれながら、時に予想外の寄り道を強いられながら、とにかく前へ進む。この感覚は、彫刻の触察に類似している。作品の全体像が見えぬまま、両手を大胆かつ細心に動かして、自分なりのイメージ（地図）を組み立てる。大まかな地図ができたら、指先で作品の細部を探り、地図情報を増やしていく。僕という点が動くことにより線ができ、やがて線は左右に伸び広がり、面を形成する。面が立体へ展開する鑑賞の醍醐味は、ホテル周辺図に地下、二階、三階の情報が加わり、街が重層化していくプロセスに例えることができるだろう。

視覚障害者が描く地図はぼんやりしたもので、部分的に間違っているかもしれない。僕もレストランからの帰路、何度かホテルの入口がわからず、歩いている人にカードを見せて案内してもらうことがあった。見知らぬ人の足音に向かって、伝家の宝刀「Excuse me !」、さあ今日はどんな人が助けてくれるのか。これも「冒険」のスリルだろう。

視覚障害者の単独歩行は、先が見えないからこそおもしろい。それは、彫刻の触察鑑賞と同じである。見常者が彫刻にさわる場合、作品の全体像はすでに見えている。そのイメージをなぞるのが見常者の触察鑑賞となる。触察を通じて、視覚障害者は探索を、見常者は確認をしているといえる。探索は無視覚流鑑賞でしか味わえない。自分の足で描く地図、自分の手で創る作品像は、能動的な身体運動から生まれる。僕は美術鑑賞に能動性と身体性を取り入れるという意味で、あえて見常者に無視覚流鑑賞を奨励している。人生を歩むように、迷いつつ悩みつつつ、先が見えない未来を拓く。彫刻の触察を介して、きっと多くの方が人生の意義を再発見できるに違いない。

「見る×さわる」の鑑賞法

前項では、無視覚流鑑賞が人生の縮図であることを強調した。とはいえ、ミュージアムが無視覚流鑑賞の環境を整えるのは難しい。アイマスクを着用した触察、展示会場を暗闇にする仕掛け、ブラックボックスの活用などは、イベントやワークショップとして取り組まれるのが一般的である。来館者の安全確保、資料の破損防止を重視するなら、無視覚流鑑賞は慎重に運用しなければならないだろう。また、無視覚流鑑賞がいわゆる手探りゲーム、何をさわっているのかを当てるクイズになることも避けたい。答えを求めるのではなく、これは何だろうと推理する遊び（妄想＝盲想）、点を線にして面へと広げていく「冒険」を楽しむのが無視覚流の要諦である。時間をかけて、一つ一つの作品に優しく丁寧に触れる。そんな無視覚流のマナーが各地の美術館に根付くことを切望する。

現在、「触」をテーマとする展覧会においても、大半の見常者が「見る＋さわる」という鑑賞法で作品に接している。この「＋」を「×」に変換しようというのが僕の提案である。「見る＋さわる」鑑賞法では、常に「見る」が主で、「さわる」が従とされる。その主従関係の下では、あくまでも「見る」「さわる」などの五感は別々の行動様式で、交流・交換することはない。五感を足し算・引き算の論理でとらえるのが近代的な価値観ということができる。視覚障害、聴覚障害などは五感のうち一つが「使えない」引き算で定義される。「見る×さわる」の美術鑑賞を実現するためには、「見ながらさわる」「さわりながら見る」トレーニングが不可欠である。以下にそのトレーニングの一例を挙げよう。

僕はこれまでに十冊余の著作を刊行してきた。いくつかの著書には「さわる表紙」を付けている。本は目で見て読むものだが、表紙に触れることで読者に何かを感じてもらいたい。僕は「触文化」の豊かさ、奥深さをさまざまな方法でアピールしてきたので、書籍でもさわるおもしろさを伝えてみたいと願っている。最新刊の共編著『知のスイッチ ―「障害」からはじまるリベラルアーツ』が二〇一九年二月に出版された。本書でもユニークな「さわる表紙」を採用している。昨今は、電子書籍では表現できない触覚デザイン、紙の本ならではのオリジナリティとして、「さわる表紙」に注目する出版社が増えているのは嬉しい。

図１は本の表紙の実物である。これに大・中・小の点を組み合わせた触図（図２）がＵＶ印刷で付加される。ＵＶ印刷は透明な紫外線硬化樹脂を使用するので、視覚的に邪魔にならないのが特徴である。ここで図１と図２を比較していただきたい。図１に盛り込まれているすべての視覚情報を触図化することはできない。イラストのイメージが触覚で伝わるように、

図１　『知のスイッチ』表紙カバーのビジュアル（見る）デザイン

木の枝・葉・花を整理し、動物の数も減らす。図2を見ると、視覚的にはなんとなく味気ない、物足りない印象を持つ人もいるだろう。

しかし、図1（視覚情報）から引き算した結果、図2（触覚情報）が成立しているわけではない。図2は単体ではなく、図1とセットである。見常者は図1を見ながら、図2にさわる。いや、図2にさわりながら、図1を見てもいい。通常の視覚情報に加え、触覚情報を提供できるのが「さわる表紙」の利点である。今回の本の表紙デザインに当たって、僕は図1と図2が混じり合い重なり合い、相乗効果を生み出すことを意識した。見る絵とさわる絵が融

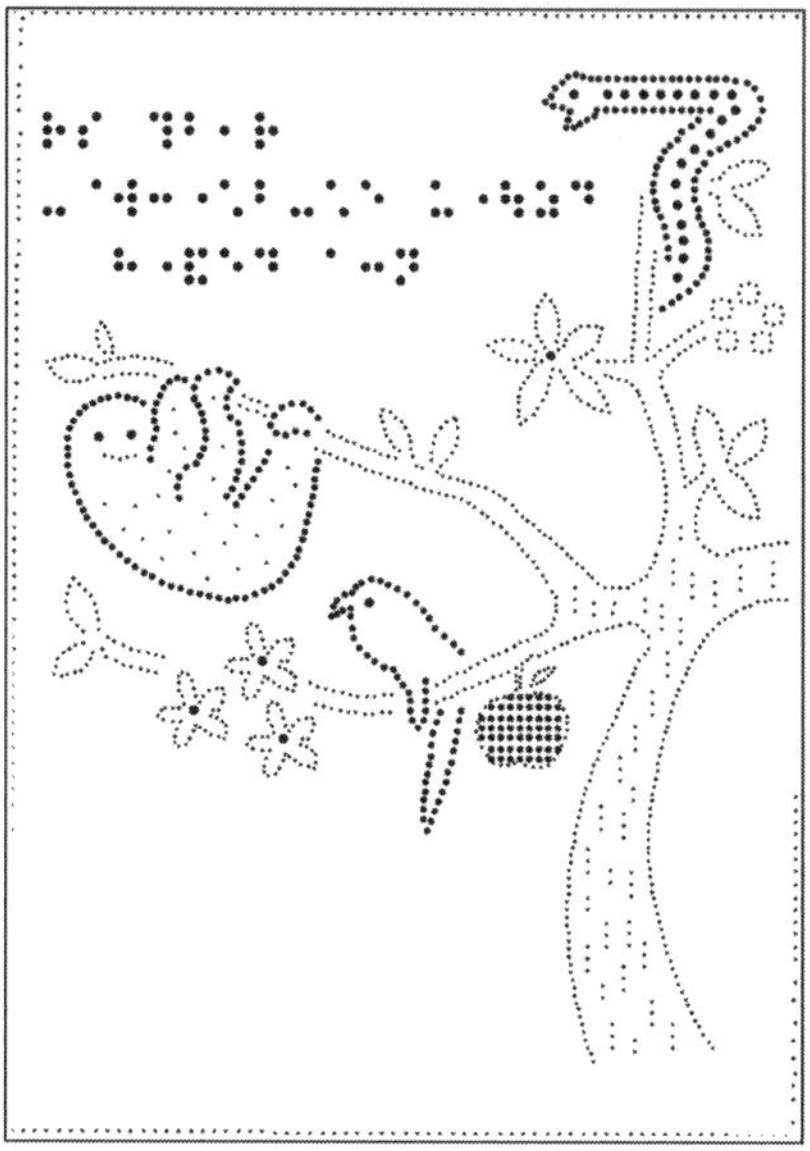

図２　『知のスイッチ』表紙カバーのタクタイル（さわる）デザイン

合することにより、読者の心の中に第三のまったく新しい絵が創造・想像される。

「見る」と「さわる」に主従・優劣はなく、対等である。見常者の日常生活では「見る＋さわる」（見てさわる）の順番になりがちだが、時には「さわる＋見る」（さわって見る）にトライするのも新鮮だろう。「見てさわる」「さわって見る」という足し算の実践を蓄積すれば、ごく自然に「見ながらさわる」「さわりながら見る」感覚を身につけることができる。「さわる表紙」には足し算を掛け算に変える可能性が秘められている。

たとえば、図2が多種多様な点で

構成されていることから、動物も植物も点（細胞）の集合体であるという理解が生まれる。動物と植物がつながっているという発想は、図1を見ているだけではなかなか浮かばないだろう。木の幹、オウムやナマケモノの体表の点の配列から、生命力を感じる人もいるのではなかろうか。図1ではヘビが木に巻き付いている。一方、図2では周囲の枝葉を削除したので、木からヘビが飛び出しているように点が並ぶ。ヘビが何か発言しているようにも思える。

ここでは視覚的な印象と触覚的な印象が異なる「ズレ」を評価したい。見た感じと、さわった感じが違う。だからこそ、さわることが大事なのである。手を動かしながら木や動物にさわれば、絵が呼吸し始める。これからも本（視覚情報）に命を吹き込むような「さわる表紙」を開発・普及していければ幸いである。

彫刻作品の鑑賞の場合も、「見てさわる」「さわって見る」試行錯誤を繰り返せば、見常者も「見ながらさわる」掛け算の感動を共有できるだろう。では、視覚中心の常識を脱して、無理なく「さわりながら見る」を体験するためには、どうすればいいのか。本格的な無視覚流鑑賞は難しいが、目をつぶれば視覚は遮断される。また、従来の言葉による鑑賞は視覚優位の試みだが、触覚優位のプログラムを立案することもできるだろう。見常者と視覚障害者がペアで彫刻に対峙する。まず、視覚障害者が作品に触れ、その印象を言葉で表す。視覚障害者の言葉を手がかりとして、見常者が作品に触れる。「見る×さわる」を導入すれば、美術鑑賞の幅が広がる。それは「障害」

概念の再検討を促し、近代的な人間観・世界観を改変することにもなるはずである。

冒頭の問いに戻ろう。なぜ僕たちは彫刻にさわるのか。それは、さわらずにはいられないから。この世界に命を吹き込むために。

〔付録〕声に出して読んでほしい詩

この十年ほど、僕は「キッズプラザ大阪」で子ども向けの暗闇体験イベントを担当している。視覚を使わない環境で、子どもたちに聴覚や触覚の潜在力に気づいてもらうのが本イベントの狙いである。毎年、このイベントにおいて僕は自作の詩を音読している。率直に言って、僕の詩はへたくそだし、主題が同じなので、新鮮さもない。しかし、真っ暗闇の中で僕が指先で点字をすらすらと読む姿は、それなりにインパクトがあるようだ。僕の姿そのものは見えないわけだが、詩の音読が始まると、自然に子どもたちが静かになるのはおもしろい。詩には言霊が宿る。僕は堂々と大きな声で詩を読み上げる。第Ⅱ部の締め括りとして、最近書いた二つの詩を紹介しよう。読者のみなさんには、言霊を意識しつつ、ぜひ以下の詩を音読していただきたい。

明けませんでおめでとう

明けませんでおめでとう
僕には明・暗がない
僕の目の前には闇が広がる
闇には前後・左右・上下がない

明けませんでおめでとう
人はいつから光と明かりを好むようになったのか
人はいつから物事を二つに分けるようになったのか
高低・凹凸・長短・優劣……

明けませんでおめでとう
僕は信じる、天と地がつながっていることを
僕は知っている、内と外を隔てる壁などないと
僕には何も見えない

だから、見えるものと見えないものは一つである
暗くても明るい、明るくても暗い

明けませんでおめでとう
僕たちの周りには闇がある
手を伸ばして闇に触れる
耳を澄まして闇を聴く
僕たちが声を出せば、そこに道ができる
知恵を出して、その道を進もう、闇雲に

明けませんでおめでとう
きっと君たちは明るい場所へ帰っていくだろう
でも、暗闇の記憶は残るはず、体と心に
闇が暗いと決めたのは誰なのか
明るい闇があってもいいではないか
僕は君たちといっしょに明るい場所へ闇を広げたい

そのために、もう一度大きな声で言おう
明けませんでおめでとう！

おもてなしは表なし

表があるから、裏もある
表がないなら、裏もない
前があるから、後ろもある
前がないなら、後ろもない

表が明るくて、裏が暗い
前が進歩で、後ろが退却
そう決めたのはだれ？
そう信じているのはなぜ？

おもてなしは表なし
すべてを受け入れ、区別しない
ほんとうのおもてなしは、いつだって裏切らない

見えない／見ない、聞こえない／聞かない
使えないと苦しい、使わないと楽しい
目で見ず耳で聞かず、おもてなしに触れてみよう

僕の身体には表も裏もない
僕の身体は時空を超えて、あちこちへ広がる
前でもなく、後ろでもなく、僕はただ歩く
やがて、僕の身体が道となる

記録は消えても、記憶は消えない
僕の身体から、たくさんの手が飛び出す
表裏・前後をつなぐ手は、おもてなしの道をひらく

僕には君が書いた文字が読めない
僕には君の笑顔が覚えられない
でも、僕の手は君の感触を忘れない
おもてなしを分かち合う仲間だから

第Ⅲ部　射真集「我が半年」

―二〇一八年七月〜一二月　『日本経済新聞』連載コラムから―

1　三本足の役割

いきなり、なぞなぞを一つ。人間なのに三本足で歩くのは誰でしょう。答えは、白杖を使う視覚障害者。歩行補助具として杖を使用する高齢者や肢体不自由者も三本足だが、白杖はきわめてユニークである。一般的な杖は足の代わりで、両足の動きとともに前進する。一方、白杖は手の代わりである。前方の障害物を感知、時に除去するのが白杖の主な機能といえる。今から数百年後、考古学者が二一世紀の遺跡を発掘し、視覚障害者の足跡を発見したとしよう。二本の後足は規則的に前進しているのに、前足（杖）は左右へ、不規則な動きを繰り返す。未来の人類にとって、三本足歩行はさぞ不思議なものだろう。数百年後、医学、テクノロジーの進歩により、視覚障害者はこの世からいなくなっているだろうから、「三本足で歩く人間」は絶滅危惧種なのかもしれない。

二足歩行を始め、手を自由に使えるようになった点が、他の動物にはない人間の特徴である。「四から二へ」が進化の証拠だとすれば、三本足で歩く視覚障害者は動物と人間の間を行き来しているともいえよう。三とは、人間が動物に退化するという意味ではない。人類に「動物的な勘」を取り戻す気づきをもたらすのが、三の役割なのである。

一三歳で失明後、盲学校の教室で僕は白杖を手にした。「二から三へ」。視覚を使わずに、聴覚や触覚をフル活用する「先が見えない」生活の開始である。あれから三〇年以上の時が流れた。現在、僕は白杖をセンサーとして、国内外あちこちに一人で出かけている。杖が地面をたたく音で歩道の変化、壁までの距離を推測することができる。また、観光客などの団体を追い抜く際は、車のウインカーのつもりで、白杖を振り回したりもする。現代は視覚優位の時代といわれる。そんな社会にあって、三本足の視覚障害者の「歩き方」を知ることにより、健常者は「動物的な勘」を再発見できるのではなかろうか。半年間の連載を通じて、僕の「無視覚流」ライフをみなさんにお伝えしたいと考えている。

先日、友人とともにオリックス×広島の野球「感戦」を楽しんだ。僕は野球好きで、年に数回は球場に足を運ぶ。「球場に行っても選手の動きが見えないと、つまらないのでは」とよく尋ねられる。僕の答えは単純である。「受信する情報量が少ないのなら、発信すればいいのさ」。ということで、球場に行くと、ひたすら僕は選手に声援を送る。杖を伸ばして選手やベースに直接触れることはできないが、杖の代わりとなるのが声である。

球場に到着すると、まずはビールとたこ焼き、やきそばで腹を満たす。そして、腹の底から声を出す。下腹から棒が伸びて、口から飛び出す。その棒が選手や審判に届くイメージである。もちろん、僕の声が実際にピッチャーやバッターに聞こえているかどうか、確かめることはできない。でも、僕の声に刺激されて周りの観客が声援を始めると、なんとも嬉しい。球場の雰囲気を全身で味わいながら、声の棒を思いっきり伸ばす。これが野球感戦の醍醐味だろう。球場は僕に「野生＝野声」の意義を確認させてくれる場である。

じつは、試合の勝敗はどうでもよく、僕は両軍の選手にランダムに声援を送った。「衣笠！」、そう、往年の名選手の名前もどさくさ紛れに叫んでみる。やはり三本足人間は、背番号三の選手が気になるのである。（七月三日）

2　災害弱者は復興強者

地震は自信を打ち砕き、自身を見つめ直す機会となる。二〇一八年六月一八日、大阪府北部を震源とする大きな地震が発生した。僕が勤務する国立民族学博物館は甚大な被害を受けた。当日、僕は東京におり、地震の揺れそのものは体験していない。地震直後、友人から届く安否確認、お見舞いメールの量で地震の大きさを実感させられた。障害者は災害弱者といわれる。もしも、僕が通勤途中で地震に遭遇したら、どうなっていただろう。こんなことを考えると、やはり地震は恐ろしい。

地震から二日後、職場に出勤して驚いた。民博は、まさに「非常時」である。天井の崩落、ガラスの破損など、大きな被害が出ている。僕の研究室も、危険なので立ち入らないようにと言われてしまった。本棚の固定部が壁から外れ、大量の本が研究室の床に散乱しているのである。

出勤した日、研究室に入れないので、僕は事務室に待機していた。事務室内も本が散らばっており、教職員が協力して片付けに当たっている。全盲者が動くと、二次災害が起きる恐れがあるため、僕はおとなしくソファに座っていた。みんなが忙しく働いているので、当然僕も手伝いたい気持ちがある。だが、本の分類・整理は視覚障害者には難しい。僕は「できない」現実を突き付けられ、自分が障害者であることを再認識した。トイレに行くために立ち上がると、周囲の同僚が心配そうに声をかけてくれる。その気遣いはもちろんありがたいが、トイレに自由に行くことすらためらわれる非常時は、居心地のいいものではない。

民博に着任後、僕は通勤、館内の移動など、一人でできることを少しずつ増やしていった。「慣れれば大抵のことは一人でできる」というのが、全盲歴三十年余の僕の素直な心境である。ところが、地震はそんな僕の自信を簡単に打ち砕いた。館内の廊下には書籍、ごみなどが雑然と置かれている。台車も頻繁に行き来する。普段は何気なく歩いている廊下だが、現在、僕が単独歩行するのは危ない状態である。

僕の場合、自宅の被害はなく、職場で「できない」という物理的・精神的ストレスを感じるだけだが、避難所に入る障害者の生活はどんなものだろうか。住環境が激変し、「できない」ことの多さに押しつぶされてしまうかもしれない。時に非常時は、人間を非情にする。自分のことで精一杯になると、他人を思い遣る余裕が失われる。他者との関わり、つながりの中で生きていく障害者には「非常＝非情」は辛い。

しかし、障害者は単なる災害弱者ではない。僕の持論は「災害弱者は復興強者になれる」である。障害とは、「できる」が「できない」になることだといえる。失明した時、僕は見えないことに付随して、歩けない、読めないという不自由に戸惑った。障害者はそれぞれのやり方で「できない」を「できる」に変えていく。「できる」「できない」の変換を経験する点で、障害は被災に似ている。多くの「できない」と向き合い、その困難を克服してきた障害者の知恵は、災害からの復興をめざす際のヒントになるはずである。友人への返信メールの末尾に、僕は「非常時を楽しみたい」と書いている。非常時を非情時にしてはならない。地震は自身を見つめ直し、新たな自信を得る機会となる。僕は復興強者となるために、自分にそう言い聞かせている。（七月一〇日）

紙の新聞は生き残ることができるのか。僕自身は、紙をめくる音、インクのにおいなどで新聞を身近に感じてきた。だが、近年は新聞を読まない若者が増えている。また、このコラムを電子版でお読みになる方も少なくないだろう。紙媒体の書籍、新聞が個性を発揮するには、触感にこだわるべし。いささか強引だが、僕はこう考えている。

3　さわる絵本展

現在（二〇一八年六月～九月）、無印良品有楽町店のアトリエ・ムジで「フランスの、さわってたのしむ絵本読書室」という展覧会が開催中である。フランスの工房「夢見る指先」では、目の見えない子どもたちのために絵本が手作りされている。それらを紹介する展示である。本展を訪れると、手で触れる読書の可能性を知ることができる。僕は本展の企画に協力し、八月には講演とワークショップを行う予定である。会場に置かれている絵本は、視覚障害児がさわって理解することを前提として制作された。見た目のデザイン性も重視し、視覚的にも楽しめる仕上げとなっている。本展が実施されている店舗内は老若男女、多様な人が行き交う。視覚障害者とは縁のなかった一般の方々が、気楽に本展に立ち寄ってくれれば嬉しい。

僕が「読書」を定義する際、参考としているのはアンデルセンの『絵のない絵本』である。本書は一八三九年に初版が刊行され、今でも世界中で読まれている。主人公は屋根裏部屋に住む貧しい画家。月が各地で見てきたことを彼に話しかける連作短編集である。タイトルが示すように、もともと本書には挿絵がなく、文字のみでさまざまな風景が描写されていた。絵を描くのは読者に委ねられていたともいえる。本書に挿絵が入るのは一九一四年版以降である。挿絵が「絵本」の完成度を高めたのは間違いない。一方、「絵のない」ことで読者の想像力を刺激する効果は、挿絵により失われてしまった。

僕は多くの本を耳（音声）と手（点字）で読んできた。そもそも、「絵のない」読書をもっとも得意とするのは視覚障害者ではなかろうか。高校時代の夏休み、長編の剣豪小説を読みふけったのは懐かしい思い出である。「江戸時代には冷房なんてなかった」と気づき、エアコンを切る。汗だくになりながら、心の中で剣を振り回す。登場人物に感情移入し、空想の世界に遊んだ。「絵のない」小説だからこそ、想像力（時に妄想力）が働くのは確かだろう。昨今は映像・画像が巷にあふれている。大量の情報を瞬時に伝えられるのが視覚メディアの特徴である。しかし、視覚メディアにはアンデルセンが意図した読書の王道、「絵のない」ことから生まれる豊かなイマジネーションを損なう危険が付きまとう。

「さわってたのしむ」絵本の触感は写真・動画では伝えられない。会場に足を運び、手を伸ばしてページをめくる。さわるとは、身体的で能動的な行為なのである。さわる絵本を通じて、ぜひ指先の感覚を呼び覚ましていただきたい。きっと指先から心へ、各人各様の夢が広がるはずである。

さて、さわる絵本は紙の新聞が生き残るヒントを与えてくれるだろうか。たとえば、記事の内容によって掲載紙面の手触りを変えてみるとか。手触りもいいけど、まずは読者の目障りにならないエッセーを書きなさいと言われてしまうかな。では、触感が伝わるような「読み応え＝手応え」ある文章をめざすとしよう。（七月一七日）

4　独断的サンドイッチ論

やはりサンドイッチはうまい。出張で移動が多い僕は、電車内でよくサンドイッチを食べる。簡単に食べることができるのがいいし、外れが少ないのも魅力である。コンビニで適当にサンドイッチを選び、「食べてびっくり」のスリルを味わうのは、全盲者ならではの楽しみといえよう。最近、サンドイッチの意味を再考する二つの出来事があったので紹介したい。

他紙の話で恐縮だが、僕は三〇年以上、毎日新聞社が発行する週刊の点字新聞「点字毎日」（点毎）を愛読している。一九二二年に発刊された点毎は、国内唯一の点字新聞である。視覚障害者の生活に密着した情報を提供する点字新聞が、一〇〇年近く発行され続けているのは世界的にも珍しい。

先日、点毎についてスピーチする機会があった。ここで、点毎とはサンドイッチメディアであるという持論を展開した。新聞が読者に寄り添うという表現はよく使われる。点毎は視覚障害者に寄り添うメディアとして歴史を刻んでいる。点毎のもう一つの特徴は、読者との距離がきわめて近いことだろう。点毎は視覚障害者が自力で読める唯一無二の新聞である。選択肢が限られるのは幸福とは言い難いが、「これしかない」という状況は、愛着と信頼を育てる。点毎は読者に寄り添われるメディアでもあった。視覚障害の読者がいて、点毎が成立する。同時に、読者が点毎を支える。この読者・点毎・読者の関係を僕はサンドイッチと名付けた。

次に六月末、吹田市立博物館で開催した仏像に触れるイベントの報告をしよう。同博物館の初代館長は、仏像の修理・修復の第一人者として活躍した西村公朝師である。仏師でもある公朝師は、多くの仏像作品を残している。その中に「ふれ愛観音」がある。人間と同じ高さにいて、自由に触れることができる仏像を作りたい。視覚障害者が触れて理解できる仏像を作りたい。この二つの願いを持って、晩年の公朝師はふれ愛観音の制作に情熱を傾けた。

公朝師没後、吹田市博では「ふれ愛」の精神を継承し、毎年「さわる月間」を設けて、ユニークな展示を実施している。今回のイベントは、さわる月間を盛り上げるために企画された。当日の参加者には、公朝師の作品に触れていただいた。仏師が心を込めて作った仏像を優しく丁寧にさわる。来場者にとって、文字どおり仏の愛に触れる有意義な体験となった。

公朝師の作品に「肩たたき地蔵」がある。手のひらに入る丸い形のお地蔵さん。これを肩に当てると、じつに気持ちいい。肩こりがひどい僕は、この地蔵を手放せなかった。地蔵は各地に出かけて庶民を救う菩薩である。肩たたき地蔵は、適度な重みとともに仏の慈愛を実感させる傑作だろう。肩たたき地蔵を肩に当てて、ふと思う。これもサンドイッチなり。人間がいて、それをいやす地蔵が生まれる。そして、地蔵を慈しみ大切に守る人間がいる。僕は肩と手で地蔵をサンドイッチしつつ、仏と自己が一体化する不思議な感覚を楽しんだ。

点字新聞と地蔵。これら以外にも、世の中にはサンドイッチ的な現象がたくさんあるだろう。「食べてびっくり」するようなサンドイッチを探し出すために、地蔵の錫杖《しゃくじょう》の代わりに白杖を片手に、あちこちへ出かけるとしよう。もう一つの手には点字新聞、肩のこらない記事を読みながら。（七月二四日）

5　ボランティア様々

様々はさまざまなのか、さまざまなのか。全盲の僕は、さまざまなボランティア（以下、ボラと略記）の支援を受けてきた。点訳・音訳ボラたちの協力により、僕の今日があるといっても過言ではない。その意味で、ボラさまさまなのである。最近、被災地の復興に寄与するボラ活動が話題になっている。来館者サービスの一環で、ボラによる展示解説を実施する博物館も増えた。僕は多様なボラを定義する際、三つのキーワード「分かち合う、結び付ける、創り出す」を用いている。

僕が最初にボラを意識したのは大学受験時だった。当時、点字の参考書・問題集はほとんどなかったので、原本を入手し、ボラに点訳をお願いしていた。電話をかけて、依頼内容を伝える。点訳本が届いたら、礼状を書く。ボラとの交渉は、全盲の高校生にとって貴重な社会勉強となったのは間違いない。

当初、僕の中でボラとは、点訳・音訳を引き受けてくれる支援者という位置づけだった。その印象が変化したのは、大学合格時である。僕の合格をほんとうに我がことのように喜んでくれるボラが多数いた。僕が目標を達成することによって、感激の輪が広がっていく。この経験は、僕がボラを考える原点である。ボラとは、同じ目的に向かって進み、感動を分かち合う仲間であるといえるだろう。

僕と博物館ボラとの出会いは、米国に在外研究のために滞在した二〇〇二年である。一年間の滞米期間中に、あちこちの博物館を訪ねた。とくに二泊三日でワシントンＤＣを単独旅行し、八つの博物館を訪問したのは懐かしい思い出である。全盲者が一人で博物館巡りを楽しんだという事実が、素直に嬉しかった。各館の入口には、タクシーや地下鉄を使って、なんとかたどり着く。事前予約したボラが待機しており、館内の展示へと僕を誘導する。個性的なボラが多く、解説スタイルも十人十色である。今振り返ってみると、博物館の展示よりも、案内を担当したボラの語り、人柄の方が記憶に残っていることに気づく。

従来、視覚障害者は博物館から疎外されてきた。外国人・幼児・高齢者など、博物館に足を運ぶチャンスがなかったマイノリティは、他にも存在する。彼らを博物館に結び付ける働きをするのがボラなのである。

米国から帰国後、僕は日本でも博物館ボラを育てて、視覚障害者が気楽に来館できる環境を整備したいと熱望するようになった。職場のボラ組織に呼びかけ、視覚障害者の展示体験をサポートするグループを結成した。現在、このグループは視覚障害関係の団体・個人の受け入れで実績を積み重ねている。

視覚障害者案内は、単なる福祉、バリアフリー的な取り組みではない。見学という語が象徴するように、博物館とは見る・見せることを前提に発展してきた。視覚障害者が楽しめる博物館をめざすなら、見学という常識を問い直す必要がある。視覚障害者対応を推進するボラは、博物館の新たな魅力を創り出す先達だといえる。固定観念にとらわれず、自由な発想ができるのがボラの強みだろう。

ボラの原義は「自発的に○○する」である。この○○に「分かち合う、結び付ける、創り出す」を入れると、ボラの意義が明確となる。今後もボラさまざまへの感謝を忘れずに、さまざまなボラとともに成長していきたい。だから、やはりボラ様々なり！（七月三一日）

6　暑さに負けぬ熱さを

とにかく暑い。暑さを忘れるためには、熱いことをやればいい。先日、滋賀県信楽の陶芸の森でワークショップを実施した。高校時代、僕は美術の授業で陶芸に親しんでいた。授業で一度だけ先生に褒められたことがある。「おまえの作品はエネルギーが感じられる」。エネルギーとは、目に見えない情熱、熱意だろうか。高校卒業後、何度か陶芸にトライする機会があったが、常にエネルギーを意識して制作に取り組んでいる。今回のワークショップで自作にエネルギーを込めることができたかどうかはさておき、とりあえず何かに熱中すれば、暑さを忘れられるのは確かなようだ。

僕が「ユニバーサル・ミュージアム研究会」（ＵＭ研）を組織したのは二〇〇九年である。現在、研究会のメーリングリストには各地の学芸員、大学教員など、九十名余が加入している。信楽でのワークショップも、ＵＭ研の活動の一環で企画した。ＵＭとは、誰もが楽しめる博物館である。「誰もが楽しめる」を具現する方法は多様だが、僕たちは「触」にこだわっている。

資料保存を重視する博物館において、さわることはタブーとされてきた。しかし、世の中にはさわらなければわからないことがたくさんある。先述のエネルギーは触覚により理解・実感できるものの代表だろう。陶芸の場合、作者は触覚を駆使して作品を完成させる。手で制作された作品を手で鑑賞する。制作者の手と鑑賞者の手が、作品を介してつながる。ここに接触と触発の連鎖が生まれる。接触と触発の連鎖に基づく「触」体験は、その場に足を運び、手を伸ばすことによってしか獲得できない。僕たちは、「触」が二一世紀の博物館を改変するキーワードであると信じている。

ワークショップでは「さわってつくる」「つくってさわる」プロセスで、接触・触発の連鎖を体感することをめざした。陶芸の森では「世界の形象土器」展が開催されており、展示物の中から五点を選び、触れて鑑賞することを認めていただいた。触察したのは壺・鉢・シーサーなど、いずれもユニークな形で、エネルギーを感じさせるものばかりである。作品それぞれの形状、質感について、参加者同士の会話が盛り上がった。

次に、展示物から受けた印象を元に、オリジナル土器を制作した。展示作品を忠実に再現しようとする人、土器の形象に刺激されて想像の世界に遊ぶ人など、制作スタイルはさまざまである。「さわってつくる」とは、鑑賞者と制作者がエネルギーを共有する手段だといえる。

最後に、展示場に戻り、同じ作品を再度鑑賞した。最初の鑑賞とは異なり、二度目では各作品の装飾、細工に関心が集まった。実際に自分で土器を制作してみると、何気ない装飾や細工が高い技術に裏打ちされていることがよくわかる。「この飾りはどうやって付けたのだろう」。僕たちは凹凸や文様のテクニックに、あらためて感嘆するのだった。「つくってさわる」過程を経ることで、鑑賞がより深まるという事実を検証できたのが、今回のワークショップの大きな成果である。UM研ではこれからも「触」の可能性を多角的に追求し、新たな博物館像を提示していきたい。

さて、焼成《しょうせい》された我が陶芸作品とは今秋、再会できる予定である。この作品から、暑さに負けぬエネルギーを感じる人がどれくらいいるのか。まったく自信はない。（八月七日）

7　彫刻を磨き自分を研く

「常識とは、一八歳までに身につけた偏見のコレクションである」。このアインシュタインの名言を知ったのは、高校生の時だったろうか。単純な僕は「ってことは、高校卒業までは勉強しなくてもいいんだ」と自己正当化したものである。あれから約三十年。ようやく、この言葉の真意がなんとなくわかるようになった。僕たちの日常生活において、多数派が正しいと決めていることを常識として無条件で受け入れるケースはよくある。そんな常識を疑って、偏見のコレクションを点検する作業を僕は「心のメンテナンス（メンテ）」と呼んでいる。

七月末、東海大学で開かれた彫刻メンテの実習に参加した。東海大のキャンパス内には創立者の胸像など、ブロンズ製の彫刻が各所に設置されている。その中から三体を選び、メンテを実施した。屋外に置かれた彫刻は季節の移ろいとともに、さまざまな埃をかぶっている。メンテは汚れを洗い落とす、ワックスをかける、磨いて艶を出すという三段階で進められる。汚れていた彫像がきれいになり、その表情もいきいきと蘇る。実習参加者は「気持ちいい」と言いながらメンテを楽しんでいた。

僕は二〇一七年度から本実習に協力している。メンテするついでに、普段はあまりさわることができない彫刻をじっくり触察しよう。主催者からこんな提案をいただき、さわる鑑賞の意義について実習の枠内で講義することになった。メンテは、見るだけではわからない彫刻の魅力に気づく絶好のチャンスである。参加者は各作品の微妙な凹凸、筋肉の盛り上がりなどを指先と手のひらで確認していた。

今回の僕の講義のテーマは「彫刻を磨き自分を研く」。彫刻メンテは制作者、および像のモデルとの対話である。作者は何を考えながら、像を完成させたのか。モデルの偉人は、どんな夢を描いていたのか。作品を洗浄し磨いていくと、いつしかメンテは自身の心へと広がる。偏見を洗い落とし、新たな知見（ワックス）を獲得する。そして、己を研き上げる。

僕は一五年ほど前から、「触文化」という概念を提唱している。触文化とは、直接的には「さわらなければわからないこと、さわって知る事物の特徴」を意味する。そもそも、文化とは人が創り、使い、伝えてきたものの総称である。創・使・伝は多くの場合、手を介して行われる。それゆえ触文化は、「触」を切り口として、人間の創る・使う・伝える行為を再評価・再解釈する研究につながる。美術館では制作者（創）・来館者（使）・学芸員（伝）それぞれの思いが融合し、作品が成立する。キャンパス内の彫刻にも、大学に集う関係者の創造力・使命感・伝統意識などが込められている。触察を通じて、創・使・伝を実感できれば、心のメンテは成功といえよう。

彫刻は見て味わうべきもので、さわると作品が劣化する。これが美術館の常識である。しかし、触文化の発想を採り入れると、美術作品・鑑賞の定義が変化するに違いない。

さて、僕の講義は参加者個々の心のメンテにとって、ワックスとなったのだろうか。触文化論の研究をさらに深め、ワックスの質をアップしなければ。おっと、その前に「心のメンテもいいけど、体のメンテもお忘れなく」と言われてしまいそうだ。まずは腹周りの贅肉をそぎ落とすことから始めよう。（八月一四日）

8　手は口ほどに物を言う

手探りから手触り、手応えへ。僕の人生を要約するなら、こんな表現が適当だろうか。一三歳で失明した僕は便利な視覚が使えなくなり、「どうやって生きていけばいいのか」という手探り状態に直面する。盲学校進学後、点字・白杖歩行の技術を習得し、物の手触りを感知する新たな能力を身につける。そして現在、自分にしかできない仕事を模索しながら、僕は手応えある日々を送っている。

全盲の僕の日常生活において、「手」を意識する機会は多い。僕は講演・調査などのため、各地に出張する。「どのようにして、全盲者が一人で知らない所へ行けるのですか」と、よく尋ねられる。僕の答えはシンプルである。「たくさんの人の手伝い、手助けを受けつつ、あの手この手を駆使して旅するって感じかな」。

昨今は鉄道駅など、公共交通機関の障害者対応が充実している。新幹線での移動が多い僕は、新大阪駅を頻繁に利用する。いつも改札口で駅員のサポートを依頼している。切符の購入、ホームへの案内、座席までの誘導を駅員が手際よく介助してくれる。目的地のホームでは、新大阪からの連絡を受けて、担当者が僕の到着を待っている。バス・タクシー乗り場はもちろん、時にはホテルまで駅員が連れていってくださることもある。天気やプロ野球情報など、駅員と歩きながら会話するのも楽しい。太った腕、汗ばんだ腕、少し緊張した腕。僕は何百人もの腕を手のひらで感じつつ、国内外を旅してきた。腕による人間観察、触覚がとらえた風土の手引書が書けないものか。『地球の触り方』なんていうタイトルはどうだろう。ひそかにこんなことを考えている。

宿泊するホテルはネットで事前予約する。近年は障害者のホテル利用に関しても理解が広がっている。フロントで頼めば、係員が部屋まで誘導してくれる。エアコンのスイッチの位置などを教えてもらう。簡単なようで意外と難しいのはシャンプー・リンス・ボディソープの区別である。ボトルの配置を確かめておかないと、シャンプーで洗顔することになる（そうなっても、面の皮は厚いので、たいした問題ではないが）。

ホテルでいちばん困る、いやおもしろいのは朝食のバイキングだろう。従業員が料理を皿に取り分けてくれるのだが、この駆け引きが微妙である。自分は大食いであること、好き嫌いがないことを伝え、食べ物のチョイスはホテルの方にお任せする。さて、何が、どれくらい盛られたプレートが出てくるのか。当然だが、食いしん坊の従業員に当たると、大盛りとなる。一方、「あれ、今日はお代わりを頼まないと」という場合もある。ホテルにとって僕は手間のかかる客であるのは間違いない。でも、チェックアウトの際、「お手数をおかけしました」と頭を下げると、ホテル側も気持ちよく見送ってくださる。やはり人の手は温かい。

九月に愛知県の美術館と盲学校の連携プログラムで、特別授業を担当することになった。盲学校の生徒たちに「手」をテーマとする作品を粘土で制作してもらう予定である。つなぐ手、つかむ手、伝える手。僕は多種多様な「手」の連鎖の中で生きてきた。生徒たちには「手」の可能性を再認識し、それぞれの「地球の触り方」を学んでほしい。そして、「手」の力を盲学校から社会に発信できればと願っている。（八月二二日）

9　我が武道は投声流

「これは凶器ですか」。僕のトルコ出張は、空港カウンターの係員からのこんな質問で始まった。「これ」とは木刀である。さあ、無事に入国審査をパスした木刀は、トルコの人々を驚喜させることができたのか。

八月一四・一五日、「世界盲人ホメロス朗読会議」が開かれた。二〇一八年、トルコではトロイ遺跡の世界遺産登録二〇周年を記念して、さまざまな行事が企画されている。ホメロス会議は、トルコ視覚障害者協会が主催する国際親善事業である。会議には一六か国、三〇〇人の視覚障害関係者が参加した。古代ギリシアの叙事詩『イリアス』『オデュッセイア』の作者として知られるホメロスは、視覚障害者だという説がある。この伝説は古くから信じられてきたが、そもそもホメロスの実在自体がはっきりしない。しかし、盲目の吟遊詩人の集団が各地で活躍していたのは史実である。日本の琵琶法師もその一例だろう。

ホメロス会議では、参加者がそれぞれの言語で『イリアス』の一部を音読した。各自の担当箇所は、主催者から事前に指示される。僕は『イリアス』日本語版の点字本を会場に持参した。点字・拡大文字・暗誦など、音読スタイルは十人十色だった。僕は英語以外の外国語がほとんど理解できない。だが、『イリアス』の読み手たちの声には力があり、言葉の響きが耳から胸、腹へと染み渡る。言語の意味がわからないからこそ、純粋に声の波動を受け取ることができるのだと実感した。

『イリアス』の中に「翼を持った言葉」という表現が頻出する。これは預言・神意というニュアンスで用いられている。たまたま僕が音読したのは、英雄が一騎打ちに敗れ死亡する場面だった。英雄の最期の発言を読み上げる際、僕は「翼」を意識した。左右の手を交互に前へ伸ばし、聴衆に言葉を届けるつもりで声を張り上げた。そして、両手を突き上げ、天に向けて言葉を放つ。音読とともに手を動かすのはその場の思い付きだったが、普段よりも伸びやかに声が出て気持ちよかった。

朗読終了後の夕食会は、希望者がパフォーマンスをする時間でもある。日本の存在をアピールできるチャンスなので、僕は居合道の演武をすることにした。居合道は多種多様な型に従って刀を振る武道である。僕は学生時代に居合道部に所属していた。型は繰り返し稽古してきたので、文字どおり身体が憶えている。ただ、今回は参加者の多くが視覚障害者である。僕がかっこよく（?）演武しても、それを見ることができる人は限られる。そこで、僕は刀の動きに合わせて「はっ」「えいっ」と声を出すことにした。これは予想以上に好評だった。

刀を振る際、掛け声を付けることはよくある。トルコで体験した感覚は、掛け声とは少し違う。これまでは刀を振るのが目的で、その振りをより強く、速くするために声を付けていた。トルコでは声を出すのがメインで、刀は声を遠くへ飛ばす道具、翼だと考えてみた。言霊ならぬ声霊が刀に宿っており、その霊（球）を投げるイメージである。僕は声に乗って刀がスムーズに動く感触を楽しんだ。

声を投げる伸びやかさを大切にすれば、僕の武道は一歩前進できるかもしれない。次回、空港で「凶器」の持ち込みを渋られたら、こう言おう。「これは叫器なのです」。おいおい、また

木刀をぶら下げて海外出張に行くのか？（八月二八日）

10　点字以前の事

「手考足思」とは陶芸家・河井寛次郎の名言である。国内外の各地に出かけ調査を行う僕の研究にとって、この言葉は指針となっている。「手で考え足で思う」は、視覚障害者が個性を発揮するという点でも、きわめて重要である。

点字の発明以後、視覚障害のとらえ方は変化する。先日のトルコ出張で、僕は点字の本に触れてホメロスの詩を音読した。顔を正面に向けたまま指先で確認できるので、点字は便利である。トルコで堂々と詩を読むことができたのは点字のおかげだろう。しかし、そもそもホメロスは文字を使わずに、長大な叙事詩を暗誦していた。同様に日本の琵琶法師、瞽女《ごぜ》（盲目の女性旅芸人）も、さまざまな語り物を伝承した。『平家物語』は、盲目の芸能者たちが語り伝えた口承文芸の代表である。

視力を失うことで、人間の記憶力は鍛えられる。今日でも、友人の電話番号、過去の出来事などをよく憶えている年配の視覚障害者に時々出会う。だが、僕を含め最近の視覚障害者は、点字で簡単にメモを取ることができる。パソコンもあるので、日常生活において「憶える」必要性は低下した。僕自身、年齢とともに記憶力が減退し、点字のメモ器がなければ、日々のスケジュール管理も怪しい状態である。「それでも盲人か」と、ホメロスに叱責されそうだ。

トルコの会議では、視覚障害者が「ノーマルライフ」を享受する環境整備を進める大切さが強調された。教育・就労などで不利益を被ってきた障害者にとって、ノーマルライフの実現は世界共通の課題である。健常者と同じことができる自信を障害者に与え、彼らの存在を社会にアピールする上で、点字が果たした役割は大きい。僕は中学時代に点字でラブレターを書き、精神的自立と自由を実感した。点字受験を経て、大学・大学院にも進学できた。点字が視覚障害者のノーマルライフを拡充してきたのは間違いない。

点字がない時代、琵琶法師や瞽女は全国を旅していた。ホメロスを元祖とする吟遊詩人は、「歩く」ことによって自己の技芸を磨いていたのである。視覚障害者の単独歩行には危険が付きまとう。なぜ盲目の芸能者たちは古今東西、困難を伴う旅を続けていたのだろうか。

ここで想起されるのが手考足思である。視覚障害者は、視覚以外の感覚を総動員して歩く。聴覚や触覚、身体で世界を感じながら歩いているともいえる。旅の中で、いろいろな物に手で直接触れて考える。足を動かして一歩ずつ前進しつつ、見えない風景に思いをはせる。旅の体験がユニークな語り物の成立に寄与したのは確かだろう。

かつて柳田国男が『木綿以前の事』で述べたように、木綿の普及により人間の生活様式は激変した。木綿の登場が人類に進歩をもたらしたのは事実だが、その一方で失われてしまったものがあるのも看過できない。ミクロの事象（木綿）でマクロの歴史（世相）をとらえるのが民俗学である。文字に書かれない歴史を明らかにするのが民俗学の眼目だとすれば、「点字以前の事」はおもしろい研究対象になるのではなかろうか。トルコでの手考足思の実践は、僕にそんな希望（妄想）を抱かせた。

さて、今日はカラオケにでも行って、衰えた記憶力を呼び覚ますとしよう。琵琶法師には太刀打ちできないが、昔のヒット曲の歌詞はけっこう憶えているものである。（九月四日）

11 ワークショップは楽し

ワークショップ（WS）とは、ワーク・ショップなり。僕はWSを専門的に研究するわけではないが、さまざまなWSを実践してきた。この十年ほど、博物館の研修、福祉系の啓発イベントなどでWSを企画・実施する機会が増えている。小学校や大学でWS形式の特別授業を依頼されるケースも多い。

ＷＳは体験講座、参加型学習という意味で、幅広い分野で用いられる。その特徴は、ワークとショップの二つに分けて考えるとわかりやすい。ワークとは、能動的に頭・体を働かせること。ショップとはお店、すなわち客と店員の双方向コミュニケーションがあること。お店はコンビニやスーパーではなく、昔ながらの街の八百屋、屋台のラーメン屋のイメージである。おいしい野菜・フーメンを入手したいという共通の目標に向かって、互いに努力する。店に集う人々の相互接触の中で、安さとうまさ（満足度）が生まれる。そんなＷＳが僕の理想である。

僕が行うＷＳは、「触」をテーマとしている。近年、さわる展示を導入する博物館が増加しており、僕も各地でユニークな触文化展を試みてきた。さわる展示では、資料の汚損・破損をどのようにして回避するのかが大きな課題である。一般に、さわる展示は「自由に触れてください」というしつらえになっている。具体的にどうやってさわればいいのか、展示のみで伝えるのは難しい。実際、少なからぬさわる展示で資料が壊れる（壊される）事故が起きている。さわる展示では代替可能な資料、消耗品を利用するのが博物館の暗黙の常識とされる。

これまで、僕は資料の汚損・破損を避けるために、さわるマナー「かきくけこ」「やゆよ」を提案してきた。「軽く、気をつけて、繰り返し、懸命に、壊さないで」さわる。「優しく、ゆっくり、洋々と」さわる。洋々は、水が満ち溢れて広がっていくように、想像力・創造力をのびのびと発揮することと定義している。上から押し付けられるのがルールだとすれば、マナーは自発的に内部から湧き出てくるものだろう。展示会場に「かきくけこ」「やゆよ」のパネルを掲示することもあるが、それだけではさわるマナーを定着させるには不十分と言わざるを得ない。

さわるマナーを無理なく、自然に身につけてもらう有力な手段がWSである。WSにおいて、僕は以下の三つのコンセプトを重視している。深（自己の内面と向き合う）、伸（身体各部の「触角」を駆使する）、新（他者との交流を楽しむ）。ここでは皮膚感覚、全身の触覚を意識する含意で、あえて「触角」を使っている。さわらなければわからないこととは何か、なぜさわらなければならないのか、どのようにさわればいいのか。こういった根源的な問いに即して、参加者との対話形式で触察体験を進める。「かきくけこ」「やゆよ」の意義を直接伝えられるのがWSの魅力である。深・伸・新を実感する人が増えれば、視覚優位の現代社会のあり方を変えていくことができるのではないか。気づきから築きへ。これが僕のWSの最終ゴールといえよう。

最近、自身のWSのタイトルとして、僕が好んで使用するのは〈触る感動、動く触感〉である。深・伸・新による触発を求める読者諸氏から、WSの依頼が舞い込むことを願っている。触感と感動の輪は洋々と未来へ！（九月一一日）

12　見えない世界をみる

「宮城道雄を知っていますか」。ロンドンでの打ち合わせは、こんな僕の発言で始まった。九月初旬の一週間、イギリスに出張した。旅の目的は、誰もが楽しめる演劇制作に協力すること。では、盲目の箏曲家として活躍した宮城と演劇にどんな関係があるのだろうか。

視覚障害者がテレビ番組や映画をみる際、副音声（音声解説）が用いられる。視覚的な情報を言葉で説明するのが副音声である。近年、スマホのアプリで副音声が聴けるようになり、映画を鑑賞する視覚障害者が増えている。ただし、副音声の利用者は少数であり、また即興性の強い演劇やライブパフォーマンスには対応しにくいなど、普及に向けた課題も多い。

今回の英国のプロジェクトでは、視覚障害者の鑑賞も想定し、音と声で理解できる演劇が目標とされている。イメージとしては、アクション付きのラジオドラマという感じである。副音声がなくても、劇中の音と声を聴いていればストーリーが把握できる。たしかに、これは視覚芸術をユニバーサル化する試みとして有意義である。

この演劇の中に日本の琵琶法師のエピソードを取り入れたいということで僕が招聘された。琵琶法師は「目に見えない世界」を音と声で表現した芸能者である。平安中期に登場した琵琶法師は、南北朝期に『平家物語』を獲得する。琵琶法師はさまざまな語り物を創造し広めたが、『平家物語』はその代表といえる。目の見えない師弟間で、口から耳へと伝承されたのが『平家物語』の特徴である。

源平の合戦が終わり数十年経過すれば、リアルタイムで戦いを見た人はいなくなる。写真やビデオもない。そんな時、音と声で合戦の情景を鮮やかに再現したのが琵琶法師だった。中世の日本人は琵琶法師の音と声を介して、誰も見たことがない世界に遊んでいたのである。僕は「見る」（視覚で事物をとらえる）と、「みる」（全身の感覚を使って思い描く）を意識的に区別している。見ることができない琵琶法師は、みる奥深さを熟知する職能者だった。

打ち合わせは僕が琵琶法師の歴史を紹介し、英国人スタッフが質問する形で進められる。意見交換が深まる過程で、僕がロンドンに招かれた理由が明確となった。琵琶法師が保持した「見えない世界をみる」精神を現代に伝えることは、僕の大切な役割なのかもしれない。

琵琶法師の話に入る前に、僕は宮城道雄の業績を取り上げた。一九五三年、イギリスを訪れた宮城は「ロンドンの夜の雨」を作曲している。彼は道路や建物に当たる雨音、行き交う人々の靴音から、「目に見えない」街の様子を思い描いた。「ロンドンの夜の雨」は宮城が琵琶法師の後継者だという証拠であるのみならず、人間の想像力の可能性を見事に具現した作品ともいえよう。

打ち合わせの最後に、スタッフから尋ねられた。「琵琶法師や宮城のことはわかったが、広瀬さんはロンドンに来て、どんな音を感じましたか」。「日本と違うのは救急車のサイレン、地下鉄の走行音くらいかな」。ああ、なんと貧弱な感性なのか。ロンドン滞在中、何度か「夜の雨」を体験したが、僕には音で街をみることは難しかった。演劇は二〇一九年二月に公開される。それをじっくりみるために、ロンドンを再訪するつもりである。今度は番傘でも持っていこうかな。（九月一八日）

13　長くもなく短くもなく

「ノット・ロング、ノット・ショート」。ロンドンの散髪店で、いつものように僕は店員にこう告げた。「どんなヘアスタイルにするか」という質問に対し、「長くも短くもなく」と答えられても、店員は困るだろう。ちょっと心配だったので、今回は「英国のジェントルマンのようにしてほしい」と付け加えた。ジェントルマンという語が意外だったのか、店員は笑いながら散髪を始める。

十年ほど前から、海外出張に行くと、現地で散髪するのが密かな楽しみとなっている。先日のロンドン滞在でも、ホテルで最寄りの散髪店の場所を確認し、僕は白杖を片手にふらふらと出かけた。ホテルから散髪店までは三〇〇メートルほどである。目と鼻の先だが、全盲の僕にとって、この三〇〇メートルはちょっとした冒険となる。

周囲の人の動き、車の音に耳を澄まし、ゆっくり歩道を進む。恐る恐る交差点を渡る。店にたどり着くまでに、数名の歩行者に道を尋ねる。別の数名から「大丈夫ですか」と声をかけられる。日本の街を歩く時よりも、声をかけられる率は高い。散髪店では、ロンドンの天気や観光など、店員との会話を楽しむ。やはり紳士・淑女の国と称されるイギリスは、障害者に優しいというのが僕の実感である。海外で一人歩きをすると、あらためて自分は無力であること、人間とは人と人の関わり・つながりの中で生きていることを再認識させられる。

なぜ僕は危険と苦労を伴う単独歩行にこだわるのか。今回の出張では、演劇制作の団体が英国在住の日本人サポーターを手配してくれたので、快適な一週間を過ごすことができた。ホテルから打ち合わせ会場への移動、空港への送迎など、サポーターの方に介助していただいた。打ち合わせがない日は、その方といっしょにロンドン市内の博物館を訪問した。

当たり前だが、目の見える人に誘導してもらうと、僕の行動範囲は飛躍的に広がる。限られた時間で、より多くの情報を得たいと思うなら、「目」の支援は不可欠だろう。でも、僕は情報の質も大事にしたい。僕が一人で街を歩く際、視覚以外の感覚を総動員する。白杖はアンテナ、耳は集音マイクである。

かつて、夜の街は真っ暗だった。そんな中、人々は五感を駆使して街をみていた。現在の二四時間眠らない街は、コンビニの登場が示すように、「明」を重視している。大げさに言うなら、失明者が街を一人で歩くとは、近代文明のあり方を問い直す実験なのかもしれない。

散髪を終えてジェントルマン（気分）になった僕は、足を延ばしてハンバーガーショップへ向かう。歩くこと三分。今度はにおいでショップを探し当てることに成功した。紳士・淑女に囲まれて食べる英国風（？）ハンバーガーの味は格別だった。

散髪、ハンバーガー店に一人で行くことは、目の見える人にとって冒険ではないだろう。しかし、この些細な経験が僕のロンドン出張の大きな思い出になったのは間違いない。たかが三〇〇メートル、されど三〇〇メートル。量的には長い距離ではないが、その気になれば、さまざまな体験ができる。質的には、けっして短くもないのである。ちなみに、海外の散髪で失敗することも多いが、今回のジェントルマンカットはなかなかいい。よし、今後も「ノット・ロング、ノット・ショート」でいくか！（九月二五日）

14　触れ聞かせの魅力

「心はいつも太平洋ぜよ」。僕が高校生のころ、「りょうまくん」人形が流行った。坂本龍馬の小型人形で、刀を引っ張ると喋ってくれる。いくつかある台詞の中で、僕がいちばん好きなのが前述の「太平洋」だった。疲れた時、いやなことがあった日など、「りょうまくん」に勇気と元気をもらっていた。

九月後半に出張で高知を訪ねた。青少年プラザで市民向けの講演をするのが目的である。熱心な聴衆が多く、気持ちよく講演することができた。会場内にどんな人がどれくらいいるのか、僕は目で確かめることができない。そこで、おやじギャグを織り交ぜながら話を進める。笑いが起きると会場の雰囲気が和むし、参加者の数を推測することもできる。こちらから質問する際は、挙手ではなく、拍手で応じてもらう。手をたたく単純な動作が入るだけで、聴衆の参加意識、能動性が高まる。

講演ではさわることの意義、僕自身の博物館での活動について紹介した。最後にスペシャル企画で、地元の造形作家の木彫作品にさわることになった。触察鑑賞のライブである。触文化の提唱者がどんな発言をするのか、参加者は注目している。僕は作品に触れつつ、感じたことを自由につぶやいた。

「足は四本、顔は長い」「木がすべすべしている」「躍動感がある」。僕のコメントは通り一遍のものばかりだった。聴衆が期待しているのは、「これは○○の彫刻です」と、僕がズバリと言い当てることだろう。でも、僕は○○にたどり着くことができなかった。僕がさわったのは、犬を表現した作品である。目で見れば、すぐに犬であることが伝わってくるようだ。

負け惜しみになるが、一般に動物などの具象彫刻は、視覚的な印象、特徴を作品化するケースが多い。それらを触覚だけで理解するのは難しい。「答えがわかるかどうかは二の次で、これは何だろうとじっくり考える時間が大切です」と、ちょっと苦しい言い訳をして、僕は触察ライブを締め括った。

犬の彫刻を鑑賞している時、ふと「触れ聞かせ」という語が頭に浮かんだ。手のひらが触れた部分的情報をつないで、全体像を思い描く。触覚がとらえたイメージ、作品が発するメッセージを心に入れ込む（聞かせる）。触れるという外に向かう手と、聞かせるという内に向かう手が融合した時、新たな想像力の扉が開く。触れ聞かせは鑑賞者、さわる人が主体であることを明示する意味で、博物館が大事にしたい概念だといえる。

近年、各地で絵本の読み聞かせが行われている。読み聞かせは子どもの想像力を育む有効な手段だろう。しかし、読み聞かせとは絵本を読む、聞かせる側、すなわち大人主体の言葉である。絵本を読まれる、聞かされる子どもの心の中でどんな反応が起きているのか、この語で示することはできない。絵本と美術鑑賞は似ている。触れ聞かせの発想を取り入れれば、子ども主体の読み聞かせの可能性を広げられるかもしれない。

講演会の帰路、桂浜に立ち寄った。たくさんの観光客が雄大な太平洋の景色に目を奪われていた。景色を見ることができないのは残念だが、僕は波の音、風の流れで太平洋を楽しんだ。健常者が見ているのも、所詮は太平洋のごく一部でしかない。重要なのは部分から全体を思い描く想像力。そうだ、障害の有無に関係なく、心はいつも太平洋ぜよ！（一〇月二日）

15　僕はアーティスト？

コツコツ、ガチャガチャ、ペラペラ。今回はまず、僕がどのようにして本連載原稿を書いているのかを紹介しよう。最初に点字でコツコツと下書きを作る。点字は表音文字なので、頭に浮かんだ言葉をそのまま点字器で記録する。この段階では、文字数のことは気にしない。

次に、点字の下書きに触れつつ、ガチャガチャとパソコン入力していく。僕のパソコンは一般的な機種だが、画面読み上げソフトが入っている。キーボード入力の際、音声で漢字を区別・決定できるのは便利である。最後に、パソコンの全文読み上げ機能を使って、推敲を重ねる。

音声ソフトはペラペラと拙文を読み上げてくれるので、それを聴いて句読点の位置などを調整する。できあがった原稿は、メールで新聞社に送る。

提出前に文字数を削り、決められた行数に収めるのが一苦労である。この作業は、芸術家が絵画や彫刻を完成させるプロセスに似ている。拙文の最大の特徴は、パソコンに喋らせて、耳で確認する点だろう。必然的に、文章のリズムを重視することになる。「声が聞こえる」ような文章が書けるアーティストを目標として精進したい。

毎回の原稿執筆を通じてアーティスト気分を味わっている僕だが、九月末にあらためてアートについて考える機会があった。東京・上野公園で開かれたアートイベントで、アーティストのパフォーマンスに参加した。僕が協力したのは〝絵〟と〝音〟をテーマとする二人のアーティストである。全盲の僕が乱入することで、彼らの〝絵〟や〝音〟がより豊かなものになれば嬉しい。そんな希望を持って、僕はパフォーマンスに臨んだ。

アートとは多様な自己表現の手段、およびその産物である。誰が作ろうと、どんな環境で演じられようと、アートはあくまでもアートだろう。障害者アート、先住民アートという呼称は無意味だと僕は思う。

上野公園での体験を通して、アートには社会の常識をひっくり返す力があることを再認識した。僕は大きな楽器を背負い、足に鈴を付けて、ゆっくりと広場に進む。ベルトには笛を差している。ゆったりした動きから一転、僕はリボンを片手に持ち、縦横に走り回る。危険を回避できるよう、二人のアーティストがリボンを引っ張る、音で合図を出すなど、僕をサポートする。広場の中を闇雲に動きながら、僕は「視覚を使えない不自由」が「視覚を使わない自由」に変わる感覚を楽しんだ。

日常生活において、視覚障害者が単独で走り回るのは不可能である。上野公園の僕は、放し飼いにされた盲獣だった。動物園の猛獣に届けとばかりに、僕は思いきり笛を吹いた。全盲者が白杖を振り回し広場を駆け巡る姿を見て、観客は驚いたに違いない。障害者は保護されるべき弱者で、介助なしでは動けない（動いてはいけない）。こんな固定観念を打ち破ることができたのなら、盲獣パフォーマンスは成功だといえよう。

盲獣パフォーマンスでは、「視覚を使えない」僕が走り回る意外性で、観客の目を引くことができた。でも、「視覚を使わない」解放感を表すレベルにはまだ達していない。時には盲獣になるのもいいが、やはり僕の本来の武器は文字と言葉である。コツコツ、ガチャガチャ、ペラペラと「声が聞こえる」文章を書き続ける。僕流のアートが読者の常識を揺さぶることを信じて！（二〇一〇月九日）

16　縄文ウォーク

「耳なし芳一が縄文時代にタイムスリップしたら、どうなるでしょうか」。一〇月初め、茨城県ひたちなか市で「ふるさと考古学講座」を担当した。子どもたちが地元の遺跡について学び、考古学に親しむ機会を提供するのが講座の目的である。土器や石器にさわるなど、僕は毎年この講座の中でワークショップを実施している。今回は上記の問いに答えるために、講座参加者がアイマスクを着用し、「縄文ウォーク」に挑戦した。

最近、アイマスクによる視覚障害者の疑似体験を行う小学校が増えている。目が見えない状態を理解する方法として、アイマスクは有効である。しかし、短時間のアイマスク体験は視覚障害に対する誤解を惹起しかねない。日常的に視覚に頼って生活する人が、突然目隠しされる。これでは、視覚を使えない不自由が強調されてしまう。

小学生にアイマスク体験の感想を訊いてみると、以下のような意見が目立つ。「歩くのが怖い」「目が見えない人のたいへんさがわかった」「障害者はかわいそう」。怖い、たいへん、かわいそうと言われると、なんだか僕は複雑な気分になる。

「縄文人と視覚障害者は似ている」というのが僕の持論である。コンビニはもちろん、街灯もない縄文時代の夜は真っ暗だった。一日の半分は暗いのが当たり前の環境で、縄文人は暮らしていたのである。従来、縄文時代のような「未開」社会は怖い、たいへん、かわいそうと考えられてきた。だが、考古学の研究成果により、縄文時代にも豊かな美・楽が存在していたことが明らかとなった。縄文時代を「未開」と決めつけてきたのは、闇を駆逐しようとする文明人のおごりなのである。

縄文ウォークに出発する前に、「耳なし芳一」の朗読ＣＤを聴いてもらった。小泉八雲の怪談には子どものみならず、大人をも引き付ける魅力がある。朗読を聴きながら、僕の想像も深遠な闇へと広がっていく。

芳一の琵琶演奏を求めた平家の亡霊たちは、目に見えない世界（暗）の住人である。一方、芳一を守るために、彼の全身に経文を書いた和尚たちは、目に見える世界（明）に住んでいる。盲目の芳一を媒介として、明と暗がぶつかり合うのが怪談のクライマックスといえる。

縄文ウォークでは目隠し役と誘導役の子どもがペアで、埋蔵文化財調査センターの周辺を歩いた。センターの周りには遺跡が分布しており、森もある。縄文人は暗闇の中で触覚・聴覚・嗅覚を駆使して森を歩いていたに違いない。縄文の夜には、視覚を使わない自由があったのではなかろうか。

縄文ウォークという言葉を用いることで、子どもたちのアイマスク体験の印象はずいぶん変わったようだ。風の流れ、鳥や虫の声、地面の感触などで、目に見えない世界を実感するのは新鮮である。縄文ウォークを通じて、「未開」社会、さらには視覚障害者に対する子どもたちのイメージを多少なりと修正できたのなら嬉しい。

縄文ウォークで心身をリラックスさせた子どもたちは、それぞれにおもしろい芳一物語を作ってくれた。「僕は毎日、縄文ウォークしているようなものです」。こんな自慢をする僕を見て、子どもたちは怖い、たいへん、かわいそうと思っただろうか。得意の演奏で縄文の美と楽を盛り上げる芳一が、子どもたちの心の中で歩き続けることを願う。（二〇一八年一〇月一六日）

17　見常者と触常者

最近の僕の自慢は、老眼にならないこと。同世代の男女が老眼による見えにくさを経験する一方、僕の「お先真っ暗」状態は一三歳の時から変わらない。全盲とは安定している。「俺は遠視・近視・乱視に苦しめられない。監視に怯えたり、幻視に惑わされることもない」。こう言って胸を張っても、友人には無視されるだけだが。

僕は自他ともに認める全盲の視覚障害者である。本書の読者の大多数は非障害者、いわゆる健常者だろう。僕はこの健常者という語に強い違和感を持っている。たとえば僕は老眼にならないし、同世代のおじさん族に比べて、けっこう元気だと思う。食欲は二十代のころと同じで、「健康が常」という日々を過ごしている。でも世間のカテゴリーでは、僕は障害者であり、健常者には入れてもらえない。僕の周りには「健康が常ではない」健常者がたくさんいるのに、なんだか不思議である。

障害とは「○○ができない」という形で定義される。視覚障害とは、直接的には目が見えない、見えにくい状態を意味する。これに「読めない」「歩けない」などの不自由がリンクするので、障害はマイナスだと受け取られてしまう。目が見えないことを肯定形でとらえ直すためには、まず健常者という概念を壊す必要があるだろう。

テレビ、スマホの普及が象徴するように、社会の多数派は視覚優位、視覚中心の生活を享受している。つまり「見常者」なのである。全盲者は視覚以外の感覚を駆使して生きているのだから、明らかに見常者ではない。全身のセンサー（触角）を総動員する彼らは、「触常者」なのである。「健常者＝できる人」「障害者＝できない人」という従来の二分法には、どうしても優劣・上下が付きまとう。他方、見常者・触常者という区分は対等である。見常者・触常者の異文化間コミュニケーションを促進する実践・研究は、僕のライフワークだといえる。

僕が見常者・触常者という言葉を使うようになって、一〇年ほどが経過した。この新たな呼称が少しずつ社会に広がっていく手応えを感じている。ここで問題となるのが弱視者の位置づけである。視覚障害者の中で全盲はマイノリティで、圧倒的多数は弱視者だといわれる。障害者という意識があるかどうかは別として、老眼族を含め、見えにくさを抱える潜在的な弱視者の人口は確実に増えている。

現在の弱視教育では、保有視力の活用が重視される。弱視者は補助具を用いて「見る」努力を続けている。見常者のライフスタイルに合わせることで、職業選択など、弱視者の可能性が拡大するのは確かである。弱視者は視覚障害者だが、見常者でもあるということになる。

では、見常者と触常者の交流において、弱視者はどんな役割を果たすのか。僕は、弱視者とは「渉外者」であると考えている。見る文化・さわる文化の利点を知り、両文化の懸け橋となるのが弱視者である。近年、国際結婚で誕生した子どもはハーフではなく、ダブルと呼ばれている。弱視者にはダブルの発想で、見常者と触常者をつなぐ渉外者になってもらいたい。

友人の老眼族も、障害者には抵抗を示すかもしれないが、渉外者なら納得するだろう。老眼族、弱視者が渉外者化すれば、見常者の視点は多様化する。彼らに無視されぬよう、老眼にならない僕は触常者道を邁進しよう。（二〇一〇月二三日）

赤いからイチゴなのか、イチゴだから赤いのか。僕のワークショップでは、よく目隠しをしてフルーツ飴を食べてもらう。「あなたが食べているキャンディは何の味でしょう」。純粋に味だけで飴の種類を当てるのは難しい。普段は赤いからイチゴ、黄色いからレモンなど、視覚と味覚を結び付けて判断する人が多い。「視覚に惑わされず、味に集中しよう」と僕はワークショップ参加者に呼びかける。もっとも、メロン・オレンジ・パインの区別ができるのかとなると、僕も自信がない。

ロンドンに出張した際、知人が暗闇レストランを予約してくれた。暗闇で視覚に頼らずに飲食すると、たしかに味覚が研ぎ澄まされる。このレストランでは薄暗い廊下を進み、光を完全に遮断した部屋に入る。前菜、メインディッシュ、ワインなどが暗闇の中で配られる。見えなくても食べやすいように、料理は細かくカットされている。

ウエイター、ウエイトレスが視覚障害者だというのもレストランの特徴である。視覚障害者は暗闇でも自由に動ける。というか、明かりの有無は問題ではない。暗闇レストランは英国の若いカップルなどに人気で、休日はなかなか予約が取れないと聞いた。このレストランは、視覚障害者の職域拡大という面でも注目されている。

「暗闇で飲み食いしても、いつもと同じなんだけど」。僕は平常心のまま、五人の同行者とともにレストランの席に着いた。真っ暗な空間に入ると人間は不安になるようで、急に会話が増える。「ここにフォークがある」「コップは皿の右」。同行者は、自分が得た情報を口に出し確かめ合う。なるほど、暗闇で思いがけず互いの手が触れると、カップルならずとも、ちょっとどきどきしちゃうかな。

暗闇レストランでは肉料理・魚料理を選ぶことはできるが、実際に何を食べているのかはわからない。暗闇を出て、明るいフロアで本日のメニューが写真入りで確認できる仕組みになっている。暗闇では、自分が嫌いな物に気づかずに食べているケースもあるようだ。

僕は時々回転寿司の店で、手に触れた皿を取り、闇鍋感覚で食べる遊びをする。新鮮な魚に当たった時の喜びは大きい。逆に、最初の皿でデザートを取ってしまうのは悲しいが。「人生は行き当たりばったり。何があっても受け入れる闇雲精神が大切」などと威張っている。

そもそも、食べるとは目が見える・見えないに関係なく享受できる文化である。見えなくて損だと感じるのは、日本料理の盛り付けの美を楽しめないこと。だが、幸か不幸か僕の日常生活では、盛り付けを目で味わう料理とはほとんど縁がない。僕の昼食の定番、カツカレー（大）は、盛り付け云々という前に、鼻をくすぐる湯気とにおいが食欲を刺激する。見るより食う、あっという間に空（皿が空っぽ）なのである。

フルーツ飴のネタはそろそろ古くなったので、今秋はいくつかのワークショップでブラインドランチを取り入れる。暗闇レストランのような本格的な仕掛けはできないが、見るより食う、あっという間に空という醍醐味をたくさんの人に体験してもらいたい。食欲の秋到来。おいしい物を食べる計画を立てるのもいいが、行き当たりばったりのブラインドランチもお薦めである。食中りげっそりは避けて、食当たりどっさりをめざそう！（一〇月三〇日）

19 なぜ紅葉は狩るの？

「裏を触れ表を触れて食うもみじ」。秋も深まり、紅葉の季節である。よく耳にする「うらを見せおもてを見せて散るもみじ」は、良寛の辞世の句だといわれる。人間の長所と短所、善悪、生死などはつながっており、すべての煩悩を出し尽くした後に涅槃へ至る。僕には深遠な仏教の悟りの境地はわからないが、裏と表が不可分であることは体験的に理解している。

そもそも視覚では、裏と表を同時に見るのは難しい。風に舞って紅葉がはらはらと散る場合も、裏を見せるのと表を見せるのは連続しているが、同時ではない。表を見ている時は、裏は見えないだろう。世の中には見ているようで見えていないもの、見落とし、見忘れがたくさんある。見た目に騙されてはいけない。だからこそ、紅葉のように裏も表も見せた人間が、涅槃の安楽を得るのだといえる。

格調高い良寛の句に比べるのはおこがましいが、冒頭に掲げた僕の句は即物的である。物に触れる際、親指と他の四本の指をうまく使えば、裏と表の情報を同時に入手できる。紅葉にさわる場合も、葉の裏と表は一体である。土器などの触察でも、外側（目に見える部分）と内側（目に見えない部分）を同時にとらえられる。さわるという行為において、裏と表の区別はないともいえよう。

僕を含め、多くの視覚障害者が紅葉狩りを楽しんでいる。鮮やかに色づく紅葉が見えなくても、健常者が見落とし、見忘れていることに視覚障害者が気づくケースもあるだろう。紅葉狩りの語源は、木の枝を狩り、手に取って観賞することとされる。古来、日本人は紅葉を見物するだけでなく、五感で味わっていたのである。

視覚障害者が紅葉狩りに行くと、葉にさわり想像を広げる。同行者や周囲の観光客の発言から、目に見えない景色を思い描く。そして、風に揺れる木々の音に耳を澄ます。名物を食べるのもいい。ちなみに、大阪の紅葉の名所・箕面には「もみじの天ぷら」の店が並んでいる。

良寛さんには申し訳ないが、視覚障害者の観光には食べることが必須である。食べる時も、口は物の表と裏を同時にキャッチする。舌触りにも表裏の区別はない。「うらおもて同時に触れて食うもみじ」。ああ、煩悩だらけの僕に、いつ悟りが訪れることやら。

紅葉狩りはすばらしい言葉だが、桜に関しては花見という表現しかないのが残念である（かつては「桜狩り」という語もあったが、現在ではあまり用いられない）。春の喜びを共有する花見は、万人の娯楽といえる。だが、花「見」と言われると、どうも僕は居心地が悪い。昨年まで、僕は友人を誘って、「この桜が目に入らぬ会」という宴会を企画していた。本会は、「花を見ない花見」の意味を健常者に問いかける狙いも持っている。

ただし、最近は遠山の金さんを知らない若者が増えているので、会の名前を変更した方がよさそうだ。そこで、今年から「花愛《はなめ》」という新語を使っている。花は見るのでなく、愛でるもの。目で愛でるのもよし、手・耳・鼻で愛でることもできる。花愛は、桜をみんなの手に取り戻す試みである。僕は花愛が日本人の風俗・文化に定着し、紅葉狩りに匹敵する概念となることを願っている。

花愛はさておき、今年もそろそろ紅葉狩りに出かけるとしよう。全身で葉の表裏を感じ、紅葉と一体化したい。「耳と手で触れたもみじは我が口へ」（一一月六日）

20 無視覚流のススメ

点を線にして、面へ拡げる。先日、東京・墨田区主催のイベントで屋形船体験を楽しんだ。参加者たちが隅田川の船着場に向かう前に、僕は自作の無視覚流体操「点・線・面」を披露した。視覚で得る情報は、面として目に飛び込んでくる。アイマスクを着けて視覚を閉ざすと、人が入手できる情報量は激減する。耳がとらえる音、肌で感じる風、鼻をくすぐるにおいなどは、いわば点の情報である。この点を組み合わせて、目に見えない風景を思い描くのが無視覚流の要諦といえよう。

僕は趣味で二〇年ほど、合気道を続けている。先述した「点・線・面」も、ベースとなるのは合気道の動きである。僕が合気道の稽古を始めたころ、基本動作（点）を把握するのが一苦労だった。稽古は師範、上級者の演武を見て真似ることから出発するので、視覚障害者には辛い。「百聞は一見に如かず」の重みを実感させられた。

技を習得し少し余裕ができると、相手の動きを意識するようになる。合気道は二人ペアで稽古することが多い。触れ合った点から相手の体勢、気の流れを察知し、技をかける。ばらばらの点だった僕の合気道は線となり、相手とつながっていった。

さらに合気道に習熟すると、線は四方に拡がり、道場全体を想像できるようになる。僕の周りでは同門の老若男女が稽古している。相手を投げる際は、人がいない方向を探す必要がある。初心者のころ、僕は道場の両端までの距離を測ることができず、投げられた勢いで、よく壁に激突していた。そのうちに畳を踏む足裏の感覚、微妙な音の反響で、自分が道場内のどの辺にいるのかがわかるようになった。線の情報を積み上げて、道場の空間を面で認識できるようになったのである。

面を描けるレベルまで成長すれば、周囲に気配りする心身のゆとりが生まれる。投げ技をかける時は、相手と壁の距離、他の門弟たちの位置をイメージする。僕は全身の触角（センサー）を作動させ、自分の前後・左右にさまざまな面を描いていく。物・者の気配を感じるとは、周囲への気配りに通じる。この「気配＝気配り」という無視覚流の極意は、合気道のみならず、日常生活にも応用できるのではないかと考えている。

一目瞭然の視覚は便利だが、時に束縛ともなる。僕は無視覚流を美術鑑賞、まちあるきなどにも取り入れ、健常者に新たな気づきをもたらすようなイベントを企画している。

そんな僕の持論は、「無視覚は無死角なり」である。視覚では、自分の目の前しか見ることができない。一方、触角の作用により、自分を取り巻く情報を三六〇度、まんべんなくキャッチできるのが無視覚流の強みである。現在の僕の合気道は、相手と触れ合った点を手がかりとしている。無死角の技を練磨すれば、相手が離れた所にいても、気の流れを体感できるかもしれない。そうなると、座頭市も夢ではないだろう。

隅田川イベントの参加者たちは無視覚流体操でリラックスした後、アイマスクを着用して船上に出た。景色が見えないことに戸惑う人もいたが、水音や風の変化には敏感になったようだ。無視覚流は見える・見えないの区別を超克する。そこには自らの手で面を作り上げるおもしろさがある。さあ、今日も呪文のように「点・線・面」と心で唱え、座頭市をめざすとしよう。（一一月一三日）

21　パラスポーツの新定義

「僕はサッカー日本代表選手でした」。こう言っても、最近は信じてもらえない。僕がブラインドサッカー（ブラサカ、視覚障害者サッカー）をプレーしていたのは二〇〇一～〇二年である。これでも、僕はブラサカのナショナルチーム初代キャプテンということになっている。じつは当時、ブラサカのチームは国内に一つしかなく、ブラサカを始めるとは、ナショナルチームの選手になることだった。

小学生時代、弱視だった僕の視力は徐々に低下する。体育の授業では、同級生ができるのに、自分はできないということが多くなった。サッカーでは友人がゴールを狙って走る中、ボールが見えない僕はじっとしている。サッカーは僕にとってほろ苦い思い出である。

韓国では視覚障害者がサッカーを楽しんでいると聞いたのは二〇〇〇年ごろだった。僕たち有志は韓国を訪問し、ブラサカの関係者と交流することにした。技術指導を受け、鈴入りボールも入手した僕たちは、日本での普及活動をスタートする。

あれから一八年。今では国内にブラサカのチームが多数できている。若い選手も増え、初代キャプテンは早々に引退した。現在は二〇二〇年の東京パラリンピックをめざし、正真正銘のナショナルチームが強化練習を積み重ねている。

僕たちがナショナルチームを結成したころ、敵・味方の選手が入り乱れて、鈴入りボールの音に殺到していた。押し競饅頭《くらまんじゅう》状態である。味方同士でボールを奪い合う珍プレーも頻出した。ブラサカではボールの位置だけでなく、自分がピッチのどの辺にいるのかをしっかり把握して動くことが求められる。初期の饅頭レベルを脱し、僕たちは少しずつフォーメーションを意識できるようになった。

二〇〇二年の日韓共催ワールドカップに合わせて、ブラサカでも日韓親善試合を実施した。あの時の充実感と達成感を通じて、僕の中にあったほろ苦いサッカー観は払拭された。

近年、パラスポーツという語をよく耳にする。パラリンピックは従来の福祉、リハビリというイメージを超克し、スポーツとして認知されるようになった。今日ではパラリンピックのパラは、パラレル（平行）を意味するという解釈が一般的である。パラリンピックは文字どおり「もう一つのオリンピック」として市民権を得たといえる。

我田引水になるが、僕はパラスポーツのパラはパラボラ（放物線）であると定義したい。ブラサカでは選手個々がパラボラアンテナを張って、目に見えない波動をキャッチする。他のパラスポーツにも、足りない部分を補うために、残された感覚、全身の触角をフル活用する共通点がある。パラスポーツの定義は、健常者のスポーツに対する障害者のスポーツというのみでは不十分だろう。通常のスポーツを進化・深化させたパラボラスポーツだと考えるのが適当ではないか。

僕は、初めて韓国でブラサカのピッチに立った時の高揚感を鮮明に記憶している。何も見えなくて怖いけれど、前に進もう。物を遠くへ放り投げる気持で、ボールに向かった。いわゆる障害者スポーツには「できない」を「できる」に変える力、思い切って前進する勇気が内包されている。さあ、元キャプテンは放物線のような我がサッカーライフを振り返りつつ、東京でのパラボラ選手たちの活躍を応援しよう。（一一月二〇日）

22　台湾にアクセス！

暑い、おいしい、やかましい。これが台湾に対する僕のイメージである。一一月中旬、国際シンポジウム参加のため台南、台北を訪問した。一一月というのに、ホテルやレストランでは冷房が効いている。日中は半袖で十分という気候である。今回もおいしい料理をたらふく食べて、街の喧騒の中でいろいろな刺激を得ることができた。

国立台湾歴史博物館で開かれたシンポのテーマはアクセシビリティ。アクセシビリティは昨今、さまざまな分野で使われるようになった概念で、「利用しやすさ」と訳されるのが一般的である。シンポでは高齢者、子ども、障害者などの博物館利用に関して、多彩な実践事例が報告された。僕は自身の活動、日本における「誰もが楽しめる博物館」への取り組みについて講演した。発表内容はさておき、視覚障害の当事者である僕がシンポに参加していたことそのものが、アクセシビリティの具体化ともいえるだろう。

僕はアクセシビリティを「つながる場所を創り、つなげる知恵を育むこと」と定義している。この定義を採用すれば、台湾はアクセシビリティの先進国といえそうだ。国土面積が狭い台湾では、比較的容易に国内の博物館関係者が集まることができる。また、アジアとのつながりを重視する意識も強い。今回のシンポにも日本・韓国・香港から講演者が招聘されていた。どちらかというと内向きになりがちな日本に比べ、積極的に海外と交流する台湾の姿勢には学ぶ点が多い。シンポの懇親会でも、台湾の人々の明るさ、社交性が印象に残った。温暖な気候は人間を身軽にし、対話（接触と触発）を盛り上げる皮膚感覚を敏感にするのかもしれない。

ここ数年、僕は友人とともに台湾の盲人按摩の調査をしている。植民地時代に日本の盲学校教育が台湾に導入され、按摩が視覚障害者の職業として定着する。触覚をフル活用する按摩は、視覚障害者の適職である。手を介して、治療者と患者がつながる。目に見えない体内の様子を触知し、手のひらがとらえた点の情報をつなげていく。これが按摩の醍醐味である。

視覚障害者は車やバイクの運転ができないし、現在の台湾の交通事情では、単独で外出するのも難しい。出張治療が困難な視覚障害の按摩師が、どうやって晴眼の業者に対抗していくのかは大きな課題である。僕がインタビューした盲人按摩師は二つのタイプに分かれる。一つは、ひたすら腕を磨き、按摩の技術力で勝負するタイプ。もう一つは、自分は経営者となって、晴眼の従業員をうまく使い、事業家としての成功をめざすタイプ。前者はつなげる知恵、後者はつながる場所を大切にしているともいえよう。

視覚障害者の大学進学率、新職業開拓という面で、日本は台湾よりも一歩進んでいる。しかし、台湾には公的機関における障害者雇用の水増し問題などはない。台湾の盲人按摩師は、概してパワフルである。職業的なアクセシビリティ、視覚障害者の適職として、按摩は再評価されるべきではなかろうか。

盲人按摩師への聞き取り調査をした後は、かならず身体を揉んでもらう。施術はけっこう痛いが、これが快感だったりもする。つながる場所、つなげる知恵のありがたさを痛感できる台湾。帰国後一週間が過ぎたが、アクセシビリティ先進国の熱気は僕の身体にしっかり記憶されている。（一一月二七日）

23 四つの〝しょく〟文化

食・色・触・職。これら四つの〝しょく〟は、「視覚障害者文化を育てる会」（4しょく会）の基本理念である。二〇〇一年一一月、僕は関西地区の有志とともに本会を結成した。本会は視覚障害の仲間に対して、自分たちは独自の文化を持つ存在であることを自覚・発信しようと呼びかけている。新世紀の幕開けという社会情勢が、文化を標榜する本会スタートの追い風になったのは確かだろう。

一方、僕の中には本会を従来型の運動団体にしたくないという思いがある。具体的には、本会の活動にどれだけの晴眼者を巻き込んでいけるのかを重視している。しかも、巻き込む主体はあくまでもマイノリティの視覚障害者でなければならない。冒頭に掲げた四つの“しょく”は、多様な人々に視覚障害者文化の魅力をアピールするための実践的手段といえよう。

食とは、目が見える・見えないに関係なく、みんながいっしょに楽しめる世界である。障害云々という前に、同じ人間として各人各様の個性を尊重する。本会では酒蔵訪問、クッキー作りなどのイベントを実施してきた。おいしい物を共食すれば、新たな共生の思想も生まれるのではないかと考えている。

色は、視覚障害者には縁遠いものと認識されがちである。しかし、ちょっとした工夫により、視覚障害者も色を味わうことができる。凹凸や触感で色を識別する印刷技術、カラーセンサーも開発されている。本会は最新の情報機器の体験会、ボランティアとの交流会などを開催してきた。「色」は心のバリアフリーのキーワードでもある。

触は視覚障害者のオリジナリティを追求する思考で、本会の特徴ともなっている。各地の博物館、アーティストの協力の下、本会は多彩な鑑賞・制作ワークショップを企画してきた。先日行なったのは、次のようなイベントである。国立民族学博物館の展示資料、とくに実物のトーテムポールをじっくり見学・触学する。その後、飛び出す絵本の手法を用いて、手触りの異なる紙を貼り合わせ、参加者それぞれが独創的なトーテムポールを作る。このイベントには全国から視覚障害者・晴眼者が六〇名以上集まった。

最後の職は働くこと。マイノリティである視覚障害者が、晴眼者中心の社会の中で、役割とやりがいを持って働くのは難しい。見えなくてもできることではなく、見えないからこそできることを探していく行動力が大切だろう。本会では、さまざまな仕事をしている視覚障害者を招き、就労について情報交換する場を不定期に設けてきた。職業関連のイベントは、学生を含め、若い視覚障害者の関心が高い。職には継続的に取り組む必要があると感じている。

二〇一一年の本会設立一〇周年記念シンポジウムの主題は、「生存から共存、そして自存へ」である。一九世紀は、生きることそのものが視覚障害者の課題だった。二〇世紀は、視覚障害者が晴眼者とともに生きる道を模索した時代だといえる。二一世紀には、視覚障害者が自らの生き方に誇りを持ち、マジョリティに向けて堂々と文化を宣揚する。「自尊＝自存」が二一世紀の目標だと位置付けた。二〇二一年の4しょく会二〇周年には、どんなキャッチフレーズを打ち出すのか。よく食べ、色気のある話ができる仲間、世界の感触を満喫し、ユニークな職を開拓する有志を増やしたい。（一一月四日）

24　なぜ僕は本を書くのか

売れる・売れないは二の次だ。と、強がってみる。これまで僕は一〇冊以上の著作を刊行してきた。口の悪い友人は、「売れない本を出してくれる奇特な出版社があるものだ」と揶揄する。健常者の同僚に比べ、とりわけ僕は本に対するこだわりが強い。自分の本ができあがった時、それを手にしても、僕には読めない。しかし、僕は紙の感触、インクのにおいを楽しみ、本のページをめくる。そして、いつも「今度は売れるに違いない」と確信する。この確信は何度裏切られてきたろうか。

僕が本への熱い思いを持つのは、文字を使えない経験に由来している。小学校時代、弱視だった僕の視力は徐々に低下する。五年生の後半には教科書が読めなくなった。先生方は点字の資料を取り寄せてくださったが、僕は抵抗した。同級生が目で見る文字を使う中、自分だけが白紙に打ち出された点に触れる。周囲との違いを受け入れられなかった。小学校の最後の一年半、僕はほとんど文字が使えない状態で過ごした。

一方、この時期は文字を使わない学習法を知るという点で有意義だった。文字が読めなくなった息子のために、母親は教科書を音読し、カセットテープに録音してくれた。母親の苦労・心配をよそに、僕は毎日、ごろりと横になって音読テープを聞く。勉強する意識ではなく、漫然と教科書を聞き流す。子どもの脳は柔軟なので、教科書は声・音の固まりとして僕の頭に記録される。教科書をほぼ丸暗記していたので、僕は無事に小学校を卒業できたのだと思う。

中学から盲学校に進学した僕は、本格的に点字学習を始める。教科書のみならず、好きな歴史小説を点字で読みふけった。点字のポルノ雑誌をクラスメートと回し読みしたのは懐かしい思い出である。点字の習得により、僕は文字が使える自由を再認識した。

大学時代、僕は研究を通じて琵琶法師、イタコ（盲巫女）に出会う。『平家物語』を暗唱する琵琶法師。死霊と交流し、その言葉を語るイタコ。彼らは、文字を使わない世界で個性を発揮していたのである。僕の小学校時代、友人はみんな文字を使っていた。だから、僕は使えない不自由を味わった。琵琶法師やイタコが活躍した時代、社会の多数派は文字を使わない民衆である。それゆえ、盲目の宗教・芸能者は、文字を使わない自由を謳歌できたのだろう。

江戸時代以降、文字を使える者がマジョリティとなっていく。その流れの中で、使わない自由は、使えない不自由へ転換し、盲人は視覚「障害者」と位置づけられるようになる。「使える・使えない」という単純な尺度で、人間の能力が決められるのが近代である。ここに「使わない」という選択肢を加えれば、多様で豊かな人間観が生まれるのではなかろうか。

現在、二〇一九年二月の刊行をめざし、『知のスイッチ』という共編著を作っている。文字が読めなくなることで、僕の「知のスイッチ」は一度オフとなった。だが、それは同時に文字を使わないことで得られる「未開の知」を探るスイッチがオンになるきっかけでもあった。本書で僕は、文字を使わない自由の魅力を健常者に伝えようとしている。自由と不自由を往還した僕だからこそ書ける本がきっとある。さて、『知のスイッチ』は売れるのかしら。読者の購買欲をオンにするスイッチはどこにあるのやら。（一二月一一日）

25 「いい気」になる講演

講演は公園のごとく。公園は誰もが気軽に立ち寄り、自由に楽しむことができる。「今日はおもしろい公園だった」と参加者に言ってもらえるのが、僕がめざす講演会である。僕の場合、視覚障害関係の団体や博物館・美術館から講演を依頼される。自治体主催の人権研修、学校の特別授業を頼まれるケースも多い。ここ数年のペースだと、年間で五〇～六〇回の講演を引き受けている。講演で各地を訪ね、聴衆に直接語りかけることができるのは嬉しい。

僕が講演で心がけているのは、「いい気」になって話すこと。会場に入ると、部屋の広さ、参加人数などを触角（センサー）でとらえる。だから、会場は適度にざわついている方がありがたい。参加者がおとなしい（音無しい）と苦戦する。講演ではおやじギャグを織り交ぜ、聴衆の反応を楽しむ。会場から笑いが起きると、僕はどんどん「いい気」になる。話者の雰囲気は会場全体に伝染する。

僕の講演では視覚に頼らず、聴覚と触覚で情報を伝えることにこだわっている。自分が見えないのに、画像・映像を用いるのは、どうも気が咎める。音と声、さわれる物を駆使して僕の世界観を表現する。これが「いい気」を創る秘訣といえよう。

それなりの経験を積んできたので、対象者がどんな人でも、「講演＝公園」を盛り上げる自信はある。自信過剰はよくないが、堂々とした態度を示すのも「いい気」のポイントだろう。

今年は海外で二回、英語による講演を行なった。日本語の講演では簡単なレジュメを作るのみで、口から出任せ、出たとこ勝負というパターンが大半である。しかし、英語ではそうもいかない。英文原稿を準備し、ひたすら棒読みする。ここで、威力を発揮するのが点字である。

点字は指先で触読するので、僕は正面に顔を向けたまま、原稿を読み上げることができる。聴衆の気を引くという意味でも、点字は効果抜群である。もっとも、講演後の質疑応答では、「いい気」はどこへやら、しどろもどろになるのだが。

今年の講演では失敗もあった。ある中学校で一年生、一二〇名ほどに話をした。会場は最初から騒がしかった。そのうち静かになるさと、いつもの調子で講演を始めたが、状況は変わらない。気を出し、気を感じるために、音は大事だが、私語などの雑音があると気が散る。

気晴らしに合気道のデモを入れてみたけれど、生徒たちの集中力を喚起することはできなかった。気遣い、気疲れの悪循環である。予定よりも早く講演を切り上げ、軌道（気道）修正。質問コーナーに移ると、生徒たちは気後れせず、積極的に発言する。「喋りたいやつに気持ちよく喋らせる」というのが、やんちゃな小中学生を相手とする際の気構えだと再認識した。

世間の障害者イメージは「頑張る」「かわいそう」の二つに大別される。僕は三番目の障害者観として「おもしろい」を加えたい。あの人は、普通の人とは少し違う生き方をしている。べつに頑張っているわけではなく、といってかわいそうでもない。なんだか、おもしろい。人間の多様性に気づき、多様性を築くこと。これが僕の講演の最終目標である。講演用のプロフィルで僕が好んで使う自称は、「琵琶を持たない琵琶法師」。琵琶法師のような公演はできないが、社会を「いい気」にする公園の設計者になれればと願っている。（一二月一八日）

26　展示の力

「まず『もの』にふれていただきたい。そしてそれに接した人が、自由に知的な想像力をはたらかせてほしい」。これは民博の初代館長・梅棹忠夫の言葉である。書く、話すに加え、僕の大切な仕事として、並べる（展示）を挙げることができる。

僕が民博に着任したのは二〇〇一年。あれから一八年が過ぎた。大学・大学院で日本史を専攻した僕は、二十代後半から研究者としての就職を模索し始める。大学・研究機関の公募に書類を出したが、落選続きだった。僕の実力不足で採用されなかったケースが多い。でも、中には視覚障害が理由で門前払いされることもあった。捨てる神あれば、拾う神あり。一〇〇敗しても、最後に一勝すればいい。僕は連敗を苦にせず、そのうち、きっとと信じていた。就活期間を精神的・経済的に支えてくれた両親には感謝している。

こんな僕に就労のチャンスを与えたのが民博である。民博ではマイペースで研究に従事している。一方、民博着任をきっかけとして、僕は博物館について真剣に考え、さまざまな挑戦をするようになった。民博で働く以前、僕には博物館に対するいい思い出がない。「見学」という語が示すように、博物館とは目で見て学ぶ場所である。視覚優位の近代文明を象徴するのが博物館ともいえる。視覚障害者は、博物館からもっとも疎外されてきた存在なのである。

博物館を万人に開かれた文化施設にしたい。目の見えない人が楽しめる博物館を実現しよう。同僚の協力の下、僕は点字パンフレット作成、広報誌の音訳版発行などに取り組んだ。二〇〇六年には企画展「さわる文字、さわる世界」を担当する。この展示を通じて、僕は「並べる」仕事にのめりこんでいく。

企画展を組み立てる過程で、「ふれる」意義を宣揚する梅棹の言葉を知った。見ることができない視覚障害者は、さわることによって事物を理解する。だから、彼らが楽しめる博物館を創造するためには、さわる展示が不可欠だろう。

では、健常者にとってさわるとはどんな意味を持つのか。二〇〇六年の企画展で、僕は健常者にこそ展示物にさわってほしいと訴えた。一目瞭然の視覚は便利である。だが、視覚に過度に頼っていると見忘れ、見落としも生じる。「自由に知的な想像力をはたらかせる」点において、時に視覚は弊害をもたらす。

民博の展示物は世界各地の人々が創り、使い、伝えてきたものである。それらに直接触れるとは、創・使・伝を追体験することにもなる。僕が提唱する「触文化」は、民博で生まれた概念である。今後も、民博は僕の想像力を鍛える実践のフィールドとなるに違いない。

二〇〇六年以来、僕は展示、ワークショップを多数実施してきた。そして今、二〇二〇年秋の民博の特別展に向けて準備を進めている。東京オリンピック・パラリンピックが近づき、障害者が注目されるようになった。オリパラ現象を一過性のブームで終わらせないために、障害者からの発信を続ける必要がある。

展示は老若男女、多様な人々を引き付ける「ものの力」を有している。本連載で六か月間、僕は読者に語りかけるような思いで文章を書いてきた。この文字による自己表現をどんな形で

展示にできるのか。「まず『広瀬の思い』にふれていただきたい」。さあ、オリパラの後は民博へ！（一二月二五日）

終章　盲人と海

1　プロローグ ― さまざまなる「海」 ―

彼は全盲の視覚障害者である。現在、五二歳。「老人」と呼ばれる年齢ではないが、時々彼は自分の人生を懐かしく振り返るようになった。彼がヘミングウェイの『老人と海』を読んだのは中学生の時だった。『老人と海』は、ヘミングウェイがノーベル文学賞を受賞するきっかけともなった不朽の名作である。老漁夫と大魚の死闘を中心に、自然の偉大さ、その中で懸命に生きる人間の姿を写実性豊かに描いている。中学生の彼には本書の魅力が十分理解できなかったが、「老人と海」というフレーズはなんとなく頭に刻み付けられた。

あれから約四十年。今回、彼は『老人と海』を再読し、あたかも主人公の漁夫のように、さまざまなことを想起した。自分の記憶、体験と結び付けて、名作の世界を楽しんだともいえよう。『老人と海』を読み進める過程で、五十代の彼の頭に浮かんだのは「盲人と海」という言葉である。海には人間の友達もいれば、敵もいる。また、海は多くの恵みを与えてくれる一方、破壊的な災害ももたらす。そもそも、海は生命の源泉であり、人類の故郷ということもできる。哲学的に考えるなら、個々の人間が心の中に各人各様の「海」を持っているのかもしれない。

彼が構想する『盲人と海』が小説になるのか、ノンフィクションになるのか、はたまた研究論文としてまとめられるのか。本人を含め、まだ誰にもわからない。『盲人と海』が一冊の本となるために、彼の暗中模索は当分続くだろう。本章では彼へのインタビューを元に、『盲人と海』の根幹となるであろう部分を略述してみたい。具体的には「海」をキーワードとして、彼の半生からいくつかのエピソードを拾い出してみることにしよう。

2　盲学校 ― 温かい海 ―

視力低下により、彼は中学部から東京都内にある筑波大学附属盲学校に進学する。盲学校入学は一九八〇年である。彼の盲学校進学は、本人にとってハッピーなものではなかった。小学校時代、弱視だった彼は地域の一般校に通っていた。先生・友人にも恵まれ、それなりに充実した日々を過ごすことができた。当時の小学校は全体的にのんびりしており、彼には勉強面で苦労した記憶はほとんどない。

彼が周囲との違いを実感するのは体育・図工の授業である。サッカーやバスケットのボールが見えず、「動きたいのに動けない」もどかしさを味わう。図工の時間で絵を描いてみると、どうも周りの子どもたちのようにはできない。風景がぼんやりとしか見えない彼は、写生が苦手だった。また、彼は幼児期から片目の視力がなかったので、遠近感を無視する（よく言えば前衛的な）絵画ばかり描いていた。工作の際、先生が「このようにやってみてください」と実演しても、彼には「このように」がわからなかった。

体育・図工の授業で多少の居心地の悪さを感じたものの、彼は六年生の時にはクラスメートとともに地域の中学校に進学したいと希望していた。しかし、六年生の時には教科書の文字がまったく読めず、自力でノートを書くこともできなくなった。中学で勉強するためには、点字を習得しなければならない。点字を使うのなら、盲学校に行くべきだろう。自分には盲学校進学というチョイスしかないことは、彼も頭では納得していた。でも、理屈では割り切れないやるせなさを抱えた少年の心には、不安と不満が交錯していたのも事実である。

彼は複雑な心境で盲学校初日を迎えた。「ここは俺のいる場所じゃない」「いつか、きっと目の見える人たちの社会に戻ってやるぞ」。あれこれと思いを巡らす彼の机の上に、次々に点字の教科書が配られていく。各教科の教科書を点訳すると、平均で五、六冊になる。電話帳のような厚さの点字本がどんどん積み上げられる。ああ、この点字本をすべて読まなければ、中学校の授業にはついていけない。点字教科書の厚みは、彼を現実に引き戻した。点字の読み書きをマスターしないと、たいへんなことになるぞ。点字初心者である彼にとって、点字「で」勉強する以前に、まず点字「を」勉強することが第一の課題となった。

大量の教科書が順番に配布される中、最後に机に置かれたのが美術の教科書だった。美術の教科書は、一般の中学校で使用されているのと同じものである。写真が掲載されたアート紙に触れても、彼には何もわからない。「そうか、美術には点字の教科書がないのか」「美術とは、視覚的に情報を伝え合う科目なんだ」。美術の教科書の冷たい表紙にさわり、彼は自分が障害者であることを再認識させられた。

たしかに、ひんやりして、つるっとした表紙の手触りには、「君たち視覚障害者は美術とは無縁なんです」と、彼に厳然と宣告する説得力があった。一方、その表紙は、目が見える人たちの社会と盲学校をつなぐ窓（出入口）のようにも感じられた。他の教科書はすべて点字だが、美術のみは一般の中学生と同じ本を手にしている。たとえ、この教科書が自力では読めないにしても、もしかすると美術は視覚障害者と健常者をつなぐ架け橋になるのではなかろうか。そんなことを彼はぼんやり意識した。とにかく、いろいろな意味において、盲学校で配られた「読めない」美術の教科書は、彼にとって衝撃的だった。

盲学校では、視覚以外の感覚を活用する学習法が実践されている。小学生のころ、自分だけが点字を使うことに、彼は恥ずかしさと強い抵抗感を抱いていた。ところが、盲学校では点字使用がスタンダードとされる。誰にも気兼ねせず、堂々と点字の教科書を開き、点字でメモを

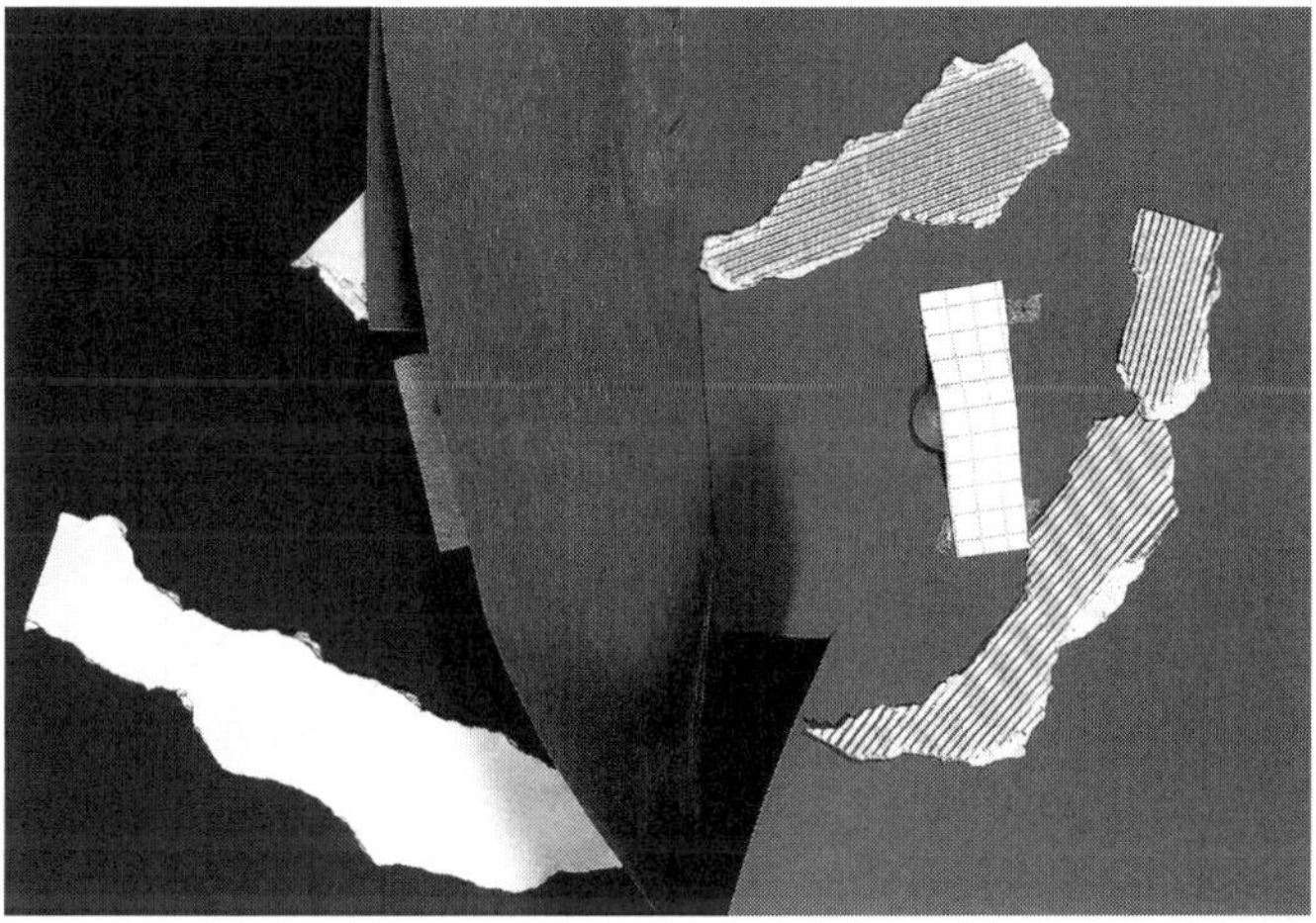

軟らかい紙で優しさを示す「温かい海」

取ることができる。

盲学校には視覚障害教育のノウハウが蓄積されており、その専門性を有する教員が指導に当たる。同級生と切磋琢磨できるのも、盲学校の特徴である。「あいつにできるなら、俺だって」。こんな気持ちで、彼は徐々に点字「で」勉強することに慣れていった。盲学校での六年間を経て、「目が見えないこと」を自然に受け止めるようになった彼は、のびのびと青春を謳歌した。「目が見えないこと＝障害」という図式は盲学校では成り立たない。「盲人とは単に目が見えないだけで、視覚『障害者』ではない」という信念が彼の中で醸成された。

盲学校の授業で一般校と大きく異なるのは、やはり体育と美術だろう。体育では、視覚以外の身体感覚を総動員して多様な種目に取り組んだ。陸上競技、水泳、マット運動、球技、スキー……。通常の学校よりも体育の授業はバラエティに富んでいたのではないかと彼は回顧する。盲学校の体育の授業では安全確保という名目で、一五〜二〇人の生徒に対し、三人の教員がサポートに入る。監視の目が厳しく、必然的に生徒はサボることができない。体育の授業で思いっきり身体を動かした経験は、「やればできる」という自信を育てた。この自信は、後年に彼が武道やブラインドサッカーに挑戦する原動力ともなった。

美術の授業で重視されるのは触覚である。貼り絵、エッチング、木彫などを手を介して学んだ。盲学校の美術教育は、生徒にとっても担当教員にとっても、手探りを手応えに変える実験の繰り返しだった。彼の中で、とくに印象に残っているのは、粘土による自由造形である。茶碗などの陶芸作品も制作したが、彼が得意とするのは抽象的なオブジェを作ることだった。現在、彼は「触文化」を提唱し、さわることの大切さ、おもしろさを各方面で訴えている。その原点は盲学校の美術の授業にあったということができる。

小学校の図工では、目が見えないこと、見えにくいことは明らかにハンディキャップだった。しかし、盲学校では見える・見えないに関係なく、触覚を用いてユニークな作品を完成させることができた。自分の頭に浮かぶイメージ（妄想＝盲想）を形にする。彼はそんな楽しさにのめりこんでいった。小学校時代、彼は周囲との違いに戸惑いを感じた。だが、彼は盲学校の美術の授業を通じて、「違っていていいんだ」「違うのが当たり前なんだ」という安堵感を得る。

中学の卒業制作で、彼の学年は大量の粘土を使って大きなオブジェを作った。作品タイトルは「ホテルニューつくば」。ホテルとは思えない変てこな建物だったが、わざと指を押し付けて壁面を凸凹にしたり、テラス部分をつるつるに仕上げるなど、触感のコントラストを楽しんだ。おそらく、あの作品は廃棄されてしまっただろうが、「ホテル」の感触は彼の手に鮮明に残っている。

盲学校は視覚障害者にとって「温室」であるといわれる。たしかに、同じ障害がある仲間、熱心な教員に囲まれて生活できる盲学校は、全盲者・弱視者には居心地がいい。教育・学習が「見えない」ことを前提に組み立てられているのが、この居心地のよさの大きな要因だろう。彼が盲学校に在籍していたころ、「一般社会はこんなものではない」「現実はもっと厳しいんだ」と、しばしば教員に叱咤激励された。彼自身、この「温室」にいつまでもいることはできない、やがてはここから飛び出していかねばならないという覚悟は常に持っていた。

近年、インクルーシブ教育が国際的な潮流となり、盲学校の存在意義が問われている。日本でも地域の学校に通う障害児が増えており、盲学校の生徒数は激減した。同級生がいなければ、切磋琢磨も難しい。共生社会の実現をめざすのなら、早い時期から障害者・健常者がともに学ぶ環境を整備するのが望ましいだろう。彼はインクルーシブ教育の理念を尊重しつつも、自らが体験してきた盲学校の体育・美術の授業の充実感・達成感を忘れることができない。

障害児は成長段階の一時期、「温室」に身を置き、しっかりと「生きる力」を身につけるべきではないか。いきなり冷たい海に入り、そこで自己を鍛えることができる人もいる。他方、冷たさに圧倒され、縮こまってしまう人も少なくない。まずは温かい海で実力を磨き、それから冷たい海へ旅立っても、けっして遅くはないはずである。彼は中高時代の六年間を「温かい海」で過ごし、じっくり自己形成できたことに感謝している。

3　大学から博物館へ　― 冷たい海 ―

さて、ここで余談を少々。彼はカラオケに行くと、かならず「およげ！　たいやきくん」を歌う。彼の歌はまったく上手ではないが、「たいやきくん」には思い入れがあるようだ。盲学校から大学に進学した際の彼の心境は、初めて大きな海に飛び込んだ「たいやきくん」に似ているのではなかろうか。一九八七年、彼は京都大学文学部に入学する。大学院生時代に一年間の米国留学はあったが、就職するまでの一四年間を彼は京都で過ごした。目の見える人々の社会へ復帰できる興奮と喜び。待ちに待った彼のキャンパスライフが始まった。

ところが、入学後の数か月はカルチャーショックの連続だった。一人で歩けるの、食事は

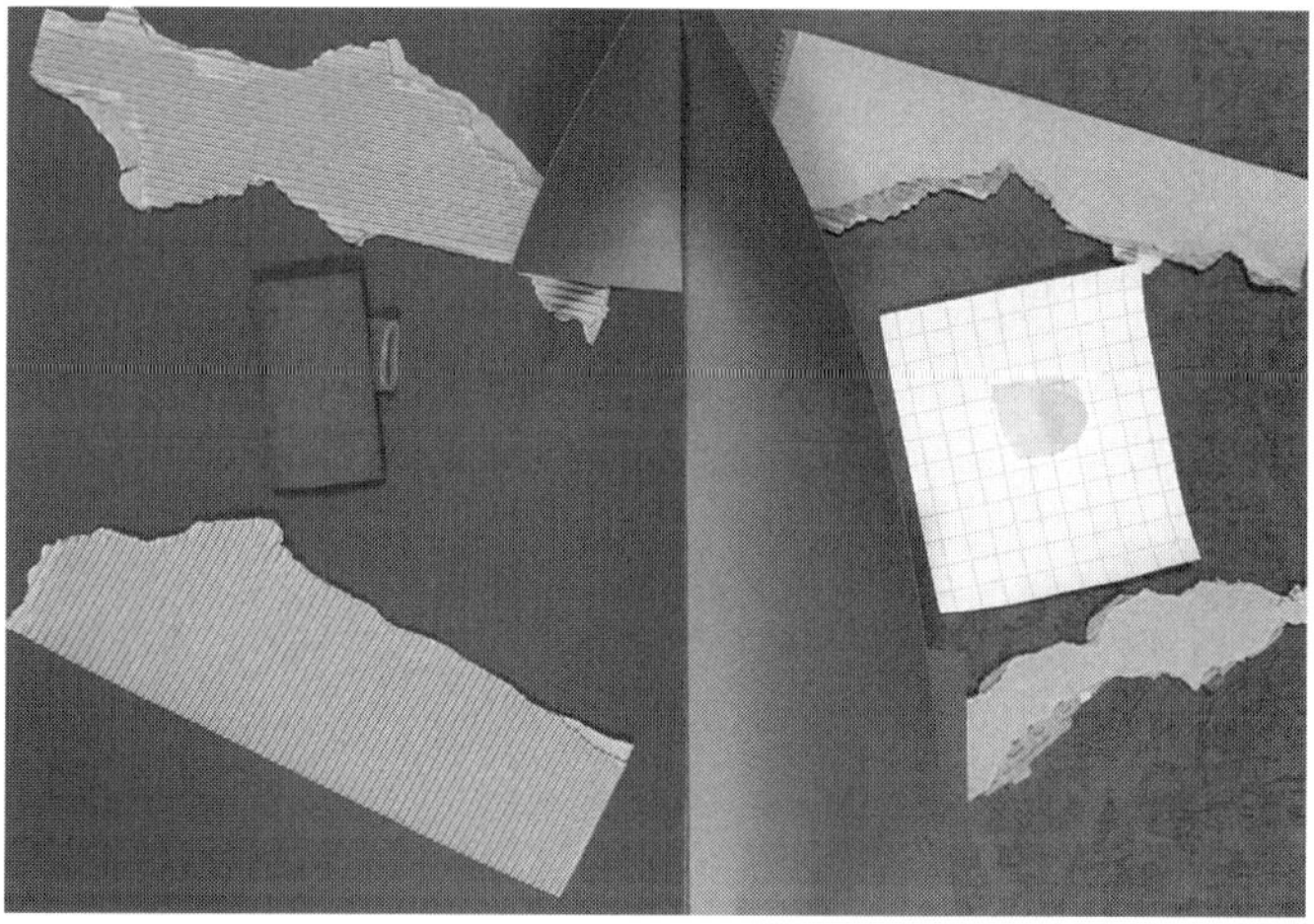

硬い紙で強さを示す「冷たい海」

どうするの、トイレは大丈夫……。周囲の健常者が、視覚障害について何も知らないことに驚いた。自分の何気ない行為が時に過大評価、時に過小評価されることにいらだつケースもあった。

考えてみると、大半の健常者は日常的に障害者と接する機会がほとんどない。子どもは知らないことに出合うと素直に質問するし、疑問はためらわずに口に出す。しかし、大学生ともなると、自身の先入観、固定観念に依拠して「知らない＝できない」と決めつけてしまう。また、こんなことを訊いては失礼だという自己抑制が働き、質問を遠慮する傾向がある。彼は盲学校で「目が見えなくても、○○ができる」という実体験を積み重ねてきた。だが、大学では「目が見えなければ、○○ができない」と一方的に判断する社会の壁にぶち当たったのである。

何ができて、何ができないのか。どんな手助け、支援が必要なのか。こんなことはいちいち説明しなくても、盲学校では教員が柔軟に対応してくれる。でも、大学では各授業の担当教員に、「板書する時は音読してください」「配布資料の電子データがあれば、事前に提供していただけませんか」と、個別に依頼しなければならない。自らの学習環境を整えるために、自ら社会（健常者）にアピールしなければならないのである。これは、まだ十代だった彼にとって、大きな心的負担となった。とはいえ、大学時代に「黙っていては、社会は変わらない」ことを身をもって知った経験が、今日の彼の研究者としての姿勢につながっているのは確かだろう。

温かい海から旅立ち、念願の大きな海に飛び込んだ彼は当初、その冷たさにたじろいだ。友人やボランティアにも支えられながら、彼は冷たい海を泳ぐ術を身につけていく。しかし、彼は就職活動を通して、個人の力ではどうにもならない冷たい海があることを思い知らされた。客観的に、障害者にはできないことがたくさんある。盲学校では「できない」を突き付けられる場面は少なかったが、健常者中心の社会は、障害者を「できなくさせる」システムを内包している。このシステムを改変していくために、彼は研究者の道を選んだともいえる。冷たい海でも、自分が積極的に動き回れば、身体が温かくなる。少しずつでもいいから、自らの体温で冷たい海を温かくしていきたい。こんな思いで彼は研究を続けている。

二〇〇一年に彼が着任したのが国立民族学博物館（民博）である。民博は博物館機能を持つ文化人類学の研究機関であり、大学院大学も併設されている。就職が決まった時、彼には博物館で働くという意識があまりなかった。日本史・宗教関係の研究を深め、論文や本を書くのが自分の仕事だと考えていた。

民博に着任する以前、彼の日常生活において博物館・美術館との付き合いはほぼ皆無だった。盲学校時代も、遠足や修学旅行でミュージアムを訪ねた記憶はない。手で触れて鑑賞できる作品を集めた「ギャラリーＴＯＭ」が開館したのは一九八四年である。彼は盲学校の教員からの情報で、視覚障害者が楽しめるギャラリーができたことを知った。弱視の同級生を誘って、七、八名で渋谷の街に出かけた。白杖を片手に、迷うこと一時間弱。やっとギャラリーにたどり着いた時の感激は大きかったと彼は述懐する。盲学校の生徒が引率者なしで連れ立って外出するのはきわめて珍しい。それだけ、「手で触れる」美術館が貴重だったということだろう。

大学生時代も、たまに現代アートの展覧会で、さわれる作品が出ていると聞いて、美術館に足を運ぶことはあった。だが、高校時代のように美術に気軽に触れるチャンスはなくなり、いつの間にか彼は鑑賞・制作から離れてしまった。歴史専攻だった彼は、地方の博物館、郷土資料館などをよく訪問した。といっても、多くの場合は聞き取り調査をするのみで、展示物にさわることは認められなかった。つまり、彼がミュージアムを訪ねても、展示から知識、感動を得ることはなかったのである。

「見学」という語が示すように、博物館・美術館の展示は「見る／見せる」ことを前提に構成されている。元来、ミュージアムとは視覚優位の近代文明を象徴する文化施設である。偶然ではあるが、そんな博物館で全盲の研究者が働くことになった。彼は民博に勤務する強みを活かし、国内外のミュージアムの実地調査を始める。彼の頭の中には次のような単純な等式があった。

博物館 － 視覚障害者 ＝ 近代

博物館 ＋ 視覚障害者 ＝ 脱近代

上記の等式を証明するために、彼は以下のようなプランの下、博物館活動に注力している。

① 視覚障害者が楽しめる博物館を創りたい。
② 視覚以外の感覚で体感できる展示を増やそう。
③ 博物館を拠点として、視覚偏重の現代社会のあり方を問い直す。

「ユニバーサル・ミュージアム＝誰もが楽しめる博物館」を創造・開拓する彼の十年余の取り組みについては、すでに多くの著作で紹介されているので、ここでは詳述しない。

一つ強調しておきたいのは、ユニバーサル・ミュージアム運動を展開する中で、彼が作品制作を再開した事実である。素人作品なので、一般公開できるレベルではないが、彼自身は高校生に戻ったかのように、制作に熱中している。彼は「触文化」を次のように定義する。「さわらなければわからないこと」「さわると、より深く理解できる事物の特徴」。いうまでもなく、「触文化」のエッセンスを形にするのが彼の作品制作の狙いである。

本来、彼は文字と言葉による表現を武器とする研究に従事しており、これからも研究者でありたいと願っている。その一方で、彼は盲目の宗教者・芸能者などを対象とする長年のフィールドワークを通じて、文字や言葉だけでは表せない真理・心理があることに関心を寄せるようになった。今回のインタビューの最後に、彼は苦笑しつつ語った。「『盲人と海』は著作ではなく、造形作品になるのかもしれない」。

これまでの二〇世紀的な博物館・美術館は、視覚障害者にとって「冷たい海」である。幸か不幸か、彼は人生の後半戦でも冷たい海に身を置くことになった。今、彼は「視覚依存の博物館という文化施設に、あえて視覚を使わない全盲者が入り込む」意義を実感している。盲学校で自分が受けてきたような授業、触覚を活用する美術教育を再解釈・再評価して、ユニバーサルな（誰もが楽しめる）展示、ワークショップを練り上げること。これが彼の目標である。彼はこう言う。視覚に頼らない自分だからこそ、従来のミュージアムの常識を乗り越えることができるのだ、と。

『老人と海』の主人公である老漁夫は、「人間は敗北するようにはできていない」と述べている。一般に、失明とは大きな苦難であるのは間違いない。しかし『盲人と海』において、彼は視力を失うことによって、温かい海・冷たい海の存在を知り、二つの海を自在に往還するバイタリティを獲得した。彼の人生そのものが、「人間は敗北するようにはできていない」ことを実証している。

『老人と海』に登場する老漁夫は、苦闘の末に釣り上げた大魚をサメに食われてしまう。実利という面で、最終的に老漁夫は何も手に入れることができなかった。でも、老漁夫の誇りと技術は助手の少年に確実に継承される。ヘミングウェイが描きたかったのは、「海」を舞台とする小さな人間たちのつながり、そこから生まれる生命の永遠性なのではなかろうか。五〇歳を過ぎた彼が、今後どれだけのことを成し得るのか。広く深い「海」に比べれば、微々たるものかもしれない。彼一人ができることには限りがある。だが、彼の主張に賛同する仲間の輪は少しずつ広がっている。人と人のつながりを大事にしつつ、きっと彼は仲間とともに『盲人と海』を完成させるだろう。

4 エピローグ ―「海」の三層構造 ―

二〇一八年一二月二〇日、彼は京都国立近代美術館で開かれた特別授業（ワークショップ）に参加した。京都府立盲学校高等部の生徒一一名のために、この授業は企画された。一九八〇年代、彼が盲学校に在籍していたころには考えられない夢のようなプログラムである。「いい時代になったなあ」。彼は時の流れを感じるとともに、夢のようなプログラムに立ち会うことができる幸運を喜んだ。特別授業では、美術館の所蔵品の触察鑑賞に続き、各自が「海」をテーマとする作品制作に取り組んだ。高校生といっしょに机に向かうのは少々気恥ずかしかったが、じつは当日の早朝から彼の頭の中は「海」で満たされていた。

「温かい海」と「冷たい海」の形はすぐにイメージできた。単純な話で、浅い海は人間が海水浴を楽しむエリアだが、大きな魚は泳げない。逆に、深い海は大きな魚が自由に泳ぐエリアで、海底に足が届かない人間は不自由を強いられる。このように、主役を人間にするのか、大きな魚にするのかによって、「海」の解釈は変わってくる。同様の論理は障害／健常にも当てはまる。視覚障害者にとって「温かい海」とは盲学校、福祉施設など、触覚・聴覚情報が尊重される世界である。一方、「冷たい海」とは一般社会、たとえば大学や博物館ということになる。「冷たい海」では視覚情報が重んじられるので、全盲者・弱視者は生きにくさを味わう。

彼は手触りの異なる二種類の素材を選び、その対比により「温かい海」と「冷たい海」を表

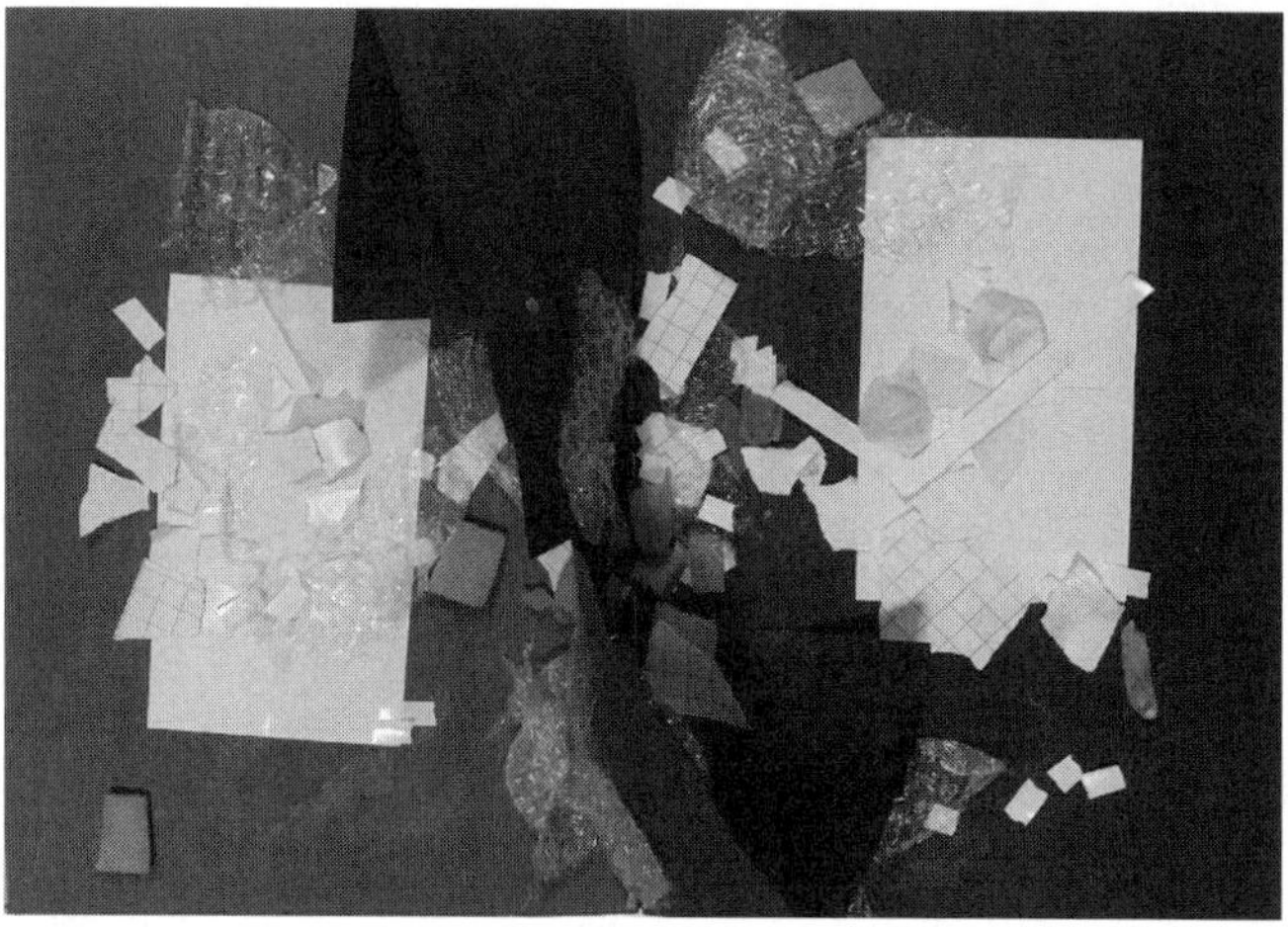

どこまでも続く「第三の海」

現した。ここで終わってしまうと、「温かい海」と「冷たい海」、障害者と健常者は永遠に交わることがない。大切なのは「温かい海」と「冷たい海」がつながっていること。人間と魚、障害者と健常者が知恵を出し合えば、「海」はみんなのものとなる。もともと、海は万物を飲み込み、平等に育てる「全生命体の子宮」である。「温かい海」と「冷たい海」の間には、「第三の海」が横たわる。「第三の海」こそは、万物共生を体現する「生物多様性の現場」だといえる。

彼は「第三の海」を作品としてどのように表せばいいのか、しばし思案した。悩む時間があるなら、手を動かせ。手を動かしながら考えろ。彼は台紙となる紙の全面にのりを塗った。そして、べとべとの紙に向かって、手当たり次第、布・厚紙・ビニール・ゴムなど、切り刻んだ素材を投げつけた。なんとも乱暴な制作である。投げつけるピースの中には、両面テープの切れ端など、ごみも混在している。できあがった「第三の海」は、視覚的にはまったく美しくない。でも、万物共生の「海」を彼流に形象化した作品であるのは確かだろう。細切れの素材を投げつける彼の表情は真剣で、一つ一つのピースが生命を吹き込まれたかのように画面に躍っていた。

視覚障害者は雄大な海の景色を見ることができない。しかし、波音や風の流れで海を感じることはできる。海水に触れたり、泳ぐことは目が見える・見えないに関係なく、海を体感する方法といえよう。海の広さ、深さを考えれば、実際に健常者が見ているのは、大海のごく一部でしかない。部分から全体を想像するという点で、障害者と健常者に大差はないだろう。大きな海を前にすると、障害の有無などはたいした問題ではないような気がしてくる。

彼が制作した荒々しい「第三の海」は、まさにカオス状態である。だが、ここから何か新しい胎動が始まる予感がする。

おわりに ― 触角による追体験 ―

「琵琶なし芳一」という不思議な詩で始まる本書をお読みいただいたみなさん、僕の「無視覚流ライフ」はいかがだっただろうか。読書の醍醐味は「追体験」にあると思う。視覚に頼らないで生活する僕の日常、研究手法は、社会のマジョリティである健常者の体験とは異なっている。異なっているから楽しい、異なっているから共有する価値がある。僕はそう考えている。さらに本書で強調したように、「無視覚流ライフ」は時代を遡っていけば、あちらこちらに当たり前に存在していた。前近代の人間は「野生の勘」を縦横に発揮し、「目に見えない世界」と交流していたのである。全身の触角（センサー）を駆使して逞しく生きる「琵琶なし芳一」は僕の中にも、読者各位の中にも眠っている。さあ芳一よ、近代化の束縛を離れ、長い眠りから目覚める時がやってきた！

二〇二〇年のオリパラをきっかけとして、各方面で「障害者」に対する関心が高まっている。ただし、このブームの背後にあるのは、「○○が使えない」人々への支援を促す多数派の論理だろう。たとえば、日本人がある発展途上国Aを旅行し、その経験を探訪記として書き残す。この探訪記は、途上国 A を知るための本であるのは間違いない。ここで日本人を健常者に、途上国Ａの住民を障害者に置き換えてみよう。探訪記からは良質の疑似体験（理解）を得ることができるが、そこに追体験（真の共感）は生まれない。僕がめざすのは、いわばＡの住民（障害者）によるＡの紹介本を日本人（健常者）に届けることである。

繰り返しになるが、本書の目的は障害理解ではない。「視覚を使わない」僕が、健常者たちに送るメッセージ集と受け止めてもらえれば幸いである。自分は「健常者」であると無意識のうちに信じている人々は、障害者にはなれない、なりたくないと思うだろう。でも本書を通じて、「触常者って、なんだかおもしろい」「私も触常者になってみたい」と感じる読者が出てくれれば嬉しい。

「無視覚流ライフ」を追体験する仕掛けとして、本書では表紙カバーのデザインにこだわった。僕がさまざまな事物に触れる際の手と頭の働き、触角の動きを触図に表現している。「触図は見常者と触常者の双方向コミュニケーションのツールである」という僕の持論を形にしてくれた日比野尚子さん（装画）、浪本浩一さん（装丁）には感謝したい。表紙カバーに繊細かつ大胆に点を打ち込み、「さわってみたくなる」触図を完成させたのは小川眞美子さんである。表紙カバーのユニークな手触りが、「琵琶なし芳一」を覚醒させる刺激になるのは確かだろう。何百人、何千人もの芳一たちの「発建」の連鎖がここから始まる！

本書は二〇一七年以降、新聞・雑誌等に発表してきたエッセー・小論文・講演録を一冊にまとめたものである。伏流社の小林英樹さんには、僕のわがままに辛抱強くお付き合いいただいた。本書が、オリパラで注目される世間の障害者イメージに対し、ささやかな異議申し立てをする「問いかけの書」となったのは、小林さんの助言のおかげである。

本を出版する際、いつも書名の決定までに時間がかかる。「触常者」という造語は、二〇〇九年ごろから積極的に使用している。しかし、過去の拙著のタイトルでは、「触常者という言葉は、まだあまり一般には知られていないから」と、この語を用いることを避けてきた。「触常者宣言」の公表から一〇年。そろそろ、この造語で勝負してもいい時期なのではないか。僕自身の触常者としての挑戦、琵琶を持たない琵琶法師の旅はまだまだ続く。「未開の知」の開拓に向かう僕の決意を読者にお伝えして、本書を閉じることにしよう。

外気の冷たさが全身の触角を心地よくくすぐる日に

二〇一九年一二月

テキストデータ引換券

ご希望の方には、本書のテキストデータを提供いたします。本頁を切り取り、住所・氏名および送付先のメールアドレスを明記し、下記まで郵便で送って下さい。到着後、メールにてテキストデータをお送りいたします。

〒113-0034 東京都文京区湯島1-9-10
湯島ビルディング103

有限会社 伏流社

住 所 ....

....

氏 名 ....

メールアドレス ....

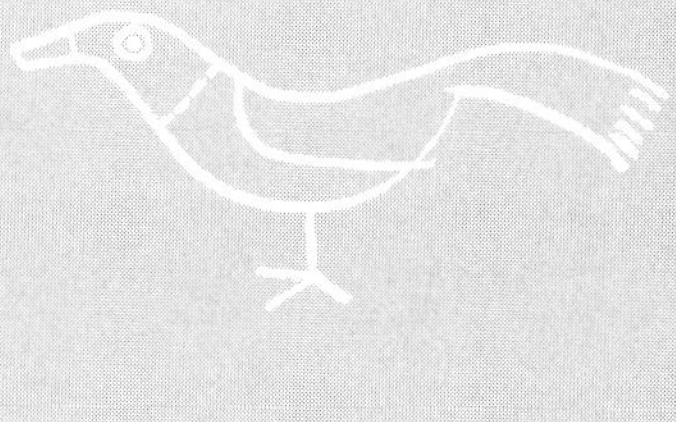

キリトリ線

著者紹介

広瀬浩二郎（ひろせ・こうじろう）

自称「座頭市流フィールドワーカー」。1967年、東京都生まれ。13歳の時に失明。筑波大学附属盲学校から京都大学に進学。2000年、同大学院にて文学博士号取得。専門は日本宗教史、触文化論。01年より国立民族学博物館に勤務。現在はグローバル現象研究部・准教授。「ユニバーサル・ミュージアム」（誰もが楽しめる博物館）の実践的研究に取り組み、“さわる”をテーマとする各種イベントを全国で企画・実施している。『障害者の宗教民俗学』、『目に見えない世界を歩く』、『さわって楽しむ博物館』（編著）、『知のスイッチ』（共編著）など、著書多数。

触常者として生きる
―琵琶を持たない琵琶法師の旅―

令和2年1月31日　初版発行

著　者　　広瀬浩二郎
発　行　　有限会社　伏流社
東京都文京区湯島1－9－10
電話　03(5615)8043
Fax.　03(5615)9743
印刷・製本　（株）シナノパブリッシングプレス
触図印刷　　点字・触図工房ＢＪ

検印省略
落丁・乱丁はお取り替え致します。
定価は、カバーに表示されています。

ISBN978-4-9910441-3-7 C0036